内田 満

政治の品位

日本政治の新しい夜明けはいつ来るか

東信堂

政治の品位／目次

装丁：桂川　潤

政治の品位——日本政治の新しい夜明けはいつ来るか

プロローグ

「民主政治の制度には、もうこれで完成ということはない。民主政治の制度は、いつも構築途上である」と論じたのは、ウッドロー・ウィルソン（一八五六―一九二四）でしたが、このような民主政治のあり方とも関連して、民主政治の理解の仕方や現実政治上の問題への「民主的」対し方も、とかく揺れ動いて定まりません。

この文脈で、著者がおりおりの機会に行った講演や当面する政治課題について発表した時評文から成り立っている本書を貫いているのは、主として二つの試みです。その一つは、時の政治上の動きを民主政治の原点に立ち返って考える試みです。今日のわが国の大規模・大衆デモクラシー的状況の下では、世論がしばしば付和雷同的に動き、政治家がこれに迎合的に呼応し、結果的に民主政治がその原理に背馳する方向に向かうことが、けっして稀ではありません。

最近の顕著な例の一つが、「抵抗勢力」というレッテル付けをめぐる動きです。小泉純一郎前首相が、自らが提起する政策に反対する意見の持ち主を「抵抗勢力」と呼んで批判したこと自体には、とくに問題はないでしょう。とにかく、政治は対立を前提としていますし、その対立の中での勝者を目指すのが、政治家であるからです。

しかし、批判することと否定することとは違います。自民党内の権力者や党外の論客などが、小泉前首相に歩調を合わせ、「抵抗勢力」を批判の対象とするにとどまらず、さらにはマスコミまでが同調して、「抵抗勢力」を否定し、排除する方向で議論を展開するといった成り行きは、民主政治の生き生きとした発展にとって、望ましいことではありません。そのような動きは、党の内外の「抵抗勢力」をすくませ、「反対意見」を沈黙させてしまい、ひいては民主政治を形骸化させかねないからです。

民主政治の原点に立てば、このような事態の「非民主性」は明らかでしょう。反対意見の発信の自由こそが、民主政治の活力源であるからです。二〇世紀アメリカを代表する政治評論家として位置づけられるウォルター・リップマン（一八八九―一九七四）が、本書のI・3章で触れているように、反対意見の民主政治における意義に注意を喚起し、民主政治にとって「反対勢力は、不可欠である」と説いているのは、このことと関連しています。

そして、ここで耳を貸したいのは、一九四五年から一九五一年までイギリス首相をつとめたクレメント・アトリー（一八八三―一九六七）の次のような言葉です。

「民主的自由の基礎は、他の人が自分より賢いかも知れないと考える心の用意です。」

要するに、民主政治の発展にとっての必要事は、つねに民主政治の原点に目を向け、自らの論点やその提起の方法の「民主性」について点検することです。大きな声での意見や衆を頼んでの意見、さらには権力を振りかざした意見の前に、少数意見や反対意見が出口をなくしてしまうといった状態は、民主政治とは程遠いものでしょう。ジョン・スチュアート・ミル（一八〇六―七三）は、『自由論』（一八五九年）の中でこう論じています。

「もし、全人類が、一人を除いて同じ意見の持ち主であったとしても、人類がそのただ一人の人を黙らせることは、正当化されないであろう。それは、そのただ一人の人が、もし権力を持っていたとしても、人類を黙らせることを正当化されないのと同じである。」

I‐1章で触れているように、ハーバード大学の政治学者として知られたカール・フリードリヒ（一九〇一―八四）は、政治的腐敗の除去は、「終わりのない仕事」だと論じましたが、同じように、民主政治の原点に照らして現実の政治論の「民主度」を測る作業もまた、「終わりのない仕事」です。

本書でのもう一つの試みは、「制度」との関係での民主政治における「人間」の位置についての再確認にほかなりません。どんなに制度を改革しても、制度を動かすのは人間ですから、人間が制度を誤用したり、悪用したりしてしまっては、改革の実があがらないばかりか、制度改革のねらいとは逆の効果を生むことにもなりかねないでしょう。その意味で、民主政治の成否は、とどのつまり「人間」に帰着するといわなければなりません。

イギリスの歴史家トマス・カーライル（一七九五―一八八一）は、国民は、結局、自分たちのレベルに見合った政府しかもちえないとして、「この国民にして、この政府」という警句を残しましたが、同様な視点に立って民主政治の発展にとってのカギが人間にあることにくり返し注意を喚起したのも、カーライルとほぼ同時代人であったJ・S・ミルでした。

この点についてのミルの考え方をきわめて端的に示しているのは、本書のI‐3章で引用している『代議政治論』の冒頭の箇所の一節ですが、この引用箇所の直前の一節で、ミルは、自らの論点をこう集約しています。

「心に留めておきたいのは、政治制度は、人間の作品であり、その起こりも、その存在のすべても、人間の意思に依存しているということである。」

そして、ミルの『代議政治論』からおよそ半世紀を経て、「政治改革」が時代のキーワードであったアメリカの革新主義運動の最盛期に著した処女作『政治学序説』(一九一三年)で、制度至上主義の危険について警告したのは、ウォルター・リップマンでした。リップマンの論点は、本書のI‐2章で同書から引用した一節の直前のパラグラフで、代議制度の成否は、制度によるのではなく、制度から自動的に生じるものでもないと説き、さらにこう結んでいるところに明らかでしょう。「成否の源は、制度を用いる人間にある。」

ここで問題となるのが、「代議制度を用いる人間」としての有権者と政治家のありようであることは、いうまでもありません。有権者が、政党の宣伝活動や選挙産業の操作の対象として位置づけられ、それらの操り人形になってしまっては、民主政治の劣化は、不可避の成り行きとなってしまうでしょう。J・S・ミルは、この点でも示唆に富む言葉を残しています。たとえば、ミルは、選挙民と議員との関係を論じながら、『代議政治論』の中でこう述べています。

「選挙民は、自分自身の判断の命じるところに従う完全な権限を委ねうるような器量を備えた代表者を根気強く探し求めなければならない。」

「選挙民は、このような資質の持ち主を議会に送り込むために最大限の努力を払うことが地域の同輩たちに負っている義務だと考えなければならない。」

本書がねらいとしているのは、このような試みを通じて改めて「民主政治とは何か」を問い直し、今日の条件の下での「民主政治」観を確かな土台の上に立たせる手がかりを提示することです。

フランスの政治家・歴史家であったアレクシス・ド・トクヴィル（一八〇五―五九）は、アメリカ・デモクラシー論の古典『アメリカの民主政治』（一八三五、四〇年）で、「新しい世界には、新しい政治学が必要とされる」と書き、その九〇年後に、イギリスの政治学者ハロルド・ラスキ（一八九三―一九五〇）は、おそらくトクヴィルの言葉を意識して、『政治学原理』（一九二五年）で、「新しい世界には、新しい政治哲学が必要である」と論じました。

このようなトクヴィルやラスキのひそみに倣《なら》いますと、本書の議論の基礎にある考え方は、こういいかえることができるでしょう。

「二一世紀の新しい世界には、新しい民主政治観が必要である。」

そして、本書の底流にある問いは、こうです。

「日本の民主政治に、新しい夜明けはいつ来るか。」

Ⅰ　民主政治の原点に立ち返る

1章　デモクラシーの祭りとしての選挙：昔と今
――日本の選挙の一一五年を考える

1　デモクラシーの祭りとしての選挙

内田でございます。今日のお集まりで日頃考えておりますことについてお話をするようにとのお誘いをいただきましたのは、半年ほど前のことでしたが、テーマについていろいろ考えた末、今年（二〇〇五年）は、日本の第一回総選挙から一一五年、男子普通選挙制度の導入から八〇年、女性参政権の確立から六〇年という日本の選挙の歴史上で節目の年でございますので、この機会に日本の選挙について振り返ってみることにいたしました。

そのときは、今年に総選挙があるとは、まったく考えてもみませんでした。「政界、一寸先は闇」という名言を吐いたのは、三五年前に亡くなった自民党の領袖川島正次郎でしたが、「政治では、予期しないことが起こると、いつも予期していなければいけない」という警句を残しているのが、イギリスの元首相マーガレット・サッチャーです。これらの言葉が、名言、警句であるゆえんを実感させられたのが、九月の総選挙でした。

とにかく、そんなわけで、今日の主題は、思いがけなく、いっそうタイムリーになったようでありますが、私のお話の中心は、先日の総選挙のことではなく、第一回総選挙からの一一五年間の日本の選挙の歴史を振り返ることであります。少々カビくさい話で恐縮ですが、しばらくおつきあいいただければ、幸いでございます。

ところで、今日のお話の題に「デモクラシーの祭り」とありますが、デモクラシーの祭りというのは、選挙のことです。二〇世紀の前半期のイギリスで活躍した作家で、歴史家で、また文明評論家でもあり、岩波新書に入っている『世界文化史概観』などの翻訳書によってわが国でも広く知られたH・G・ウェルズが、一九二七（昭和二）年に書いた文章の中で述べている言葉ですが、選挙をデモクラシーの祭りというのは、いい得て妙と思います。春や秋の祭りは、村人たちがみな村の鎮守の森に集まってきて、お互いの連帯感を確認し、村の明日への発展を祈願する機会でありましたが、選挙は、まさにデモクラシー、民主政治にとって、そのような機会であります。

2　変わる社会・変わる選挙

　ところで、二〇世紀は、このデモクラシーの祭りが大発展を遂げた世紀でした。アメリカの政治改革団体にフリーダム・ハウス（自由の家）という名前の団体がありますが、この団体が二〇世紀末に発表した報告によりますと、一〇〇年前の一九〇〇年、つまり一九世紀末に普通選挙制度に基づくデモクラシー、選挙制デモクラシーが確立していた国は、世界に一つもありませんでした。ところが、それから一〇〇年を経た二〇世紀末には、世界で一一九の国が、普通選挙制度の上に立つ選挙制デモクラシーの国であり、これらの国に世界の人口のおよそ六割が住んでいるということです。こういった現実に照らして、このフリーダム・ハウスの報告は、二〇世紀を「デモクラシーの世紀、democracy's century」と呼んでおります。

　たしかに、振り返ってみますと、過去一〇〇年ほどの間のデモクラシーの大発展は、まことに目覚ましいものでございました。先程も触れましたが、今年は、日本で最初の総選挙が行われてから一一五年でありまます。今年はまた、日露戦争が終わってから一〇〇年ということが話題になりましたが、要するに、日本の選挙制デモクラシーは、日露戦争が始まる一四年前に幕開けとなったのであり、日露戦争のころは、日本のデモクラシーの黎明期、夜明けの時期でありました。そして、第一回帝国議会が召集されたのは、一一五年前の今日、明治二三年一一月二五日であります。

ところで、この一一五年の間に、日本のデモクラシーの祭りのありようは、大きく変わってきました。何よりも大きな変化が、有権者が四五万人から一億人（一億三〇〇万人＝二〇〇五年九月総選挙）へと激増したことであることは、いうまでもありません。そして、このような発展は、日本の人口増や都市化の進行ともあいまって、日本の選挙風景を一変させるたぐいのものでありました。

ちなみに、第一回総選挙が明治二三年七月一日に行われたとき、有権者数全国一位は兵庫県でした。いいかえれば、当時、兵庫県には、一番多くの資産家、裕福な人たちがいたことになります。当時の選挙人資格は、国税一五円以上の納付ということでしたが、現在に当てはめますと、年間所得が一五〇〇万円から二〇〇〇万円以上の人が有権者ということになるかもしれません。この条件の下で、兵庫県の有権者数は、二万二千人余りでした。これに対して、東京府の有権者数は、その四分の一の五七〇〇人余りで、全国の府県の中で三六位、人口中の比率では〇・三七％で、全国最低でした。第一回総選挙についての調査報告は、この点に触れてこう記しています。

「東京の最も少きは東京市中に於ては土地所有者至って少なく而して所得税にて十五円以上を納むるものは至って少きか故なるへし」

ところで、人口ということになりますと、このときの兵庫県の人口は一五二万人で、一五五万人の東京府とほぼ同じ規模でした。その結果、総定数が三〇〇で、小選挙区制で行われた第一回総選挙の際に兵庫と東京に割り当てられた定数は、同数で一二人でした。興味をひきますのは、このとき人口が全国一多かったのが、一六六万人の新潟県で、新潟県に割り当てられた定数が全国一多い一三人であったことです。とにかく、当時は、東京、兵庫、新潟が、議員定数で相拮抗していたわけです。それから一一五年を経た現在、小選挙区の総定数三〇〇は、第一回総選挙のときと同じですが、東京の定数が倍増して二五になったのに対して、兵庫は一一五年前と同数の一二、新潟は半分の六に減りました。同じ小選挙区制といっても、一一五年前には、人口が全国的にバランスよく分布していた状況を背景にしていましたが、現在は、東京首都圏への人口の集中度がきわめて高いという状況を背景にしています。たとえ形式的には同じ制度であっても、時代によって、また国によって、その働きがけっして同じではないということは、制度改革をはかるときに留意すべき重要な点であります。

ところで、第一回総選挙からの一一五年の間に起こったもう一つの大きな変化は、選挙戦の様相です。「投票用紙は、弾丸よりも強し」という有名な言葉がありますが、これは、一八五六年の演説の中でリンカーンが述べたもので、南北戦争（一八六一〜六五年）直前の時期のアメリカの緊迫した状況を背景にしています。当時のアメリカでは、選挙戦の最中にも銃弾が飛び交うといった状態でした。そんな状況を背景にして、リンカーンは、演説でこう述べたのです。

「間違ってはなりません。投票用紙は、弾丸よりも強いのです。ですから、奴隷所有の軍団に弾丸を使わせましょう。しかし、一一月の投票日まで辛抱強く待って、お返しにかれらに投票用紙の猛射を浴びせましょう。そのような平和的手段によって、われわれが最後には勝つと、私は確信しています。」

しかし、痛ましいことに、リンカーン自身も銃弾を免れることはできませんでした。一八六四年の大統領選挙で再選されたリンカーンは、翌年の四月一四日にワシントン市内の劇場でピストルで撃たれ、命を落としたのです。三月四日の大統領就任演説を「何人《なにびと》に対しても敵意を抱くことなく、万人への人間愛をもって」「正しい平和、恒久的な平和を達成し、はぐくむようなすべてのことに取り組むように努めようではありませんか」と結んでから、六週間、四二日後のことでした。

わが国で第一回総選挙が行われたのは、このリンカーンの暗殺から二五年後のことでしたが、わが国でも、最初期のころの選挙では、投票所や開票所で刀剣を振りまわして反対派と渡り合うといったことが、稀ではありませんでした。実際に、当時の新聞をみますと、現在では想像もできないような出来事が、いろいろと報じられています。とくに状況がひどかったのは、政府のはげしい選挙干渉の下で行われた第二回総選挙のときでした。この選挙が行われたのは、今から一一三年前の明治二五（一八九二）年二月一五日（月）のことでしたが、投票日前日の『東京朝日新聞』には、高知発のこんな記事が載っています。

「昨夜九時香美《かみ》郡吉川村《よしかわむら》にて二派の奮闘あり、民党一名即座に斬殺《きりころ》され、外二、三名重傷を負ひ、内一名は生命危し　最早死せしならん」

そして、『東京朝日新聞』は、こういった憂うべき事態に照らして、投票日当日の論説で、有権者にこう訴えました。

「選挙戦に於ける各地競争の劇烈にして、高知其他の如き多数の人命を失ひたるさへ立憲国の面目としては如何にも恥しきことの限りなるに　万一にも右軋轢の余波延《ひ》いて他口に及ぼし　反対者の当選を見て不快の余り更に之に暴行を加ふる等のことあらば　我国民の恥辱は扨置《さてお》き　将来我立憲の政体も果して其運用を全うすべきや否や甚だ掛《け》念すべき次第にして　心あるものの慎しみても尚慎しむべきは　実に此一点にありと知るべし」

このような警告にもかかわらず、結局、投票日も、無事には終わりませんでした。投票日の翌日の『読売新聞』は、投票日当日の出来事について、金沢発のこんな記事を載せております。

「吏党の村々に設けたる投票場には壮士多人数抜刀にて民党撰挙人を斬り廻りて入場せしめず」

「今朝石川郡一木村にて民吏両党の激闘ありて即死二名あり」

また、投票日翌日の『東京朝日新聞』には、「神奈川県各選挙区無事投票函を選挙場（開票所）に持運びたり」という横浜発の記事が載っております。投票函が開票所に無事に運ばれたことが、ニュースになったわけです。

結局、この総選挙での死者は、全国で二五人、負傷者は三八八人でした。

このような事態を背景にして作られたのが、明治三一（一八九八）年の「衆議院議員選挙取締ニ関スル罰則」ですが、これによって、「衆議院議員ノ選挙人　議員候補者及運動者ニシテ　選挙ニ関シ鉄砲刀剣竹槍棍棒其ノ他人ヲ殺傷スルニ足ルヘキ物件ヲ携帯シタル者ハ　十一日以上二年以下ノ軽禁錮又ハ五円以上二百円以下ノ罰金ニ処シ其物件ヲ没収ス」と定められました。

この罰則は、明治三三年の衆議院議員選挙法改正の際に、選挙法の中にとり込まれ、その後のたびたびの選挙法改正を通じて、この規定は、選挙法の中にずっと残されてきました。現行の公職選挙法の第二三一条には、こうあります。「選挙に関し、鉄砲、刀剣、こん棒その他、人を殺傷するに足るべき物件を携帯した者は、二年以下の禁錮又は三十万円以下の罰金に処する。」

おそらく大半の人は、こんな条項が現行の公職選挙法の中にあることに気づいてさえいないでしょう。とにかく、選挙運動で刀剣やこん棒を振りまわしての殺傷沙汰などといったことは、現在の日本では、すっかり「昔語り」になってしまいました。実際問題として、公職選挙法の第二三一条は、今日の日本で平穏無事に行われている選挙に照らすと、なんとも現実離れした条項ですし、有斐閣の『ポケット小六法』などの小型版の六法書は、たいていこの条文は省略してしまい、載せていません。

開票作業にしても、わが国では、まことに平穏無事に整然と進行いたします。しかし、世界の選挙についてみますと、すべての国で現在、わが国と同じように開票が無事に行われているわけではありません。

発展途上国にさまざまな援助活動を行っている政府関係の機関の一つに、以前には国際協力事業団と呼ばれ、現在は、独立行政法人になり国際協力機構と呼ばれている機関がありますが、その付属の研修所が毎年発展途上国のリーダーを招いて民主化支援のために実施している研修プログラムがあります。私は、この研修プログラムの講師を依頼されて、「日本の選挙制度」について何度か講義をいたしました。研修参加者は、ケニア、ザンビア、タンザニア、南アフリカ共和国などのアフリカ諸国や南米の国々の国会議員や選管の役職者たちでしたから、議論が活発で、講義の終わりだけでなく、講義の途中でもたくさんの質問がでました。その中にいつもきまって出された同じ質問がありました。日本では、投票が終わると、投票所から開票所へ投票箱を運び、そこで開票しますが、この点についての質問です。

最近の日本の国政選挙では、全国で投票所がおよそ五万三千か所、開票所が三千四百か所くらい設けられますが、あちこちの市民大学などで日本の選挙について話をします際に、この点について質問があったことは一度もありません。ところが、国際協力機構の研修所での講義の際には、『本当に投票所から開票所へ投票箱を運ぶのか。どういう方法で運ぶのか。投票箱を運ぶ車が途中で襲われることはないのか」といった質問が、いつもきまって出されたのです。アフリカの国々では、投票箱を車で運んだりしたら、車が途中で襲撃されてしまうというのです。現在の日本では、そんな心配はまったくないといくら説明しても、アフリカ諸国の国会議員たちは、なかなか納得しませんでした。

そして、こういった事態は、まさに一〇〇年前の日本の選挙の姿でした。『東京朝日新聞』は、第二回総選挙に際して、高知発の記事で、投票日翌日の「投票函護送中」の騒乱について、こう伝えています。

「今朝高岡郡戸波《へは》村にて民党一千名ばかり投票函を護送し居りしに国民派一千名許り之を奪はんとして襲来《おそいきた》りしに付双方激戦となり自由派に即死一名重傷二名ありしより一入《ひとしお》民党も進撃せしところ国民派は火を放ち家屋を焼きたり　火は益々燃広がりしも防ぐものなく　互に火中に戦ひ居ると今同村派遣の憲兵により当検事局へ電報ありしに付佐藤検事藤沢検事直ちに出張す　いづれ負傷者多かるべし。」

3　投票率九三・九％からの出発

こんなわけで、日本の選挙は、この一一五年の間に大発展を遂げ、日本は現在、世界で有数の選挙制デモクラシーの国としての地位を占めるようになりました。しかし、この間を通じて昔も今も変わらない問題点がないわけではありません。そのような問題点の一つが、ほかならぬ棄権をめぐる問題です。先日の絶叫と歓呼の中で行われた総選挙では、投票率が前回の二〇〇三年総選挙のときより七・六五ポイント上がったことが注目されましたが、それでも六七・五％という投票率は、今までの四四回の総選挙で五番目に低い記録です。

しかし、最近の選挙での投票率の低調さは、日本だけの問題ではありません。日本の総選挙の一週間後の九月一八日に行われたドイツの総選挙での投票率は、七七・七％で、前回の二〇〇二年総選挙での七九・一％より一・四ポイント下がりました。そして、このところ投票率の不振がとくに目立っているのが、イギリスです。かつてのイギリスでは、投票率は、七〇％台の半ばでした。ところが、前回の二〇〇一年総選挙では、イギリスの総選挙史上最低の五九・四％にまで落ち込みました。今年五月の総選挙では、ややもち直しましたが、それでも六一・三％にすぎませんでした。日本とイギリスの最近の二回の総選挙での投票率をくらべますと、日本の方が平均して三ポイント余り上まわっています。

ところで、一一五年前の第一回総選挙の実施に当たって、とにかくはじめてのことでしたから、実際にどのくらいの有権者が投票に参加するか不確かでした。当時『読売新聞』主筆であった高田早苗が、投票日の三日前に掲げた「撰挙権を重《おも》ずべし」と題する論説は、そのような不安を背景にしていたといっていいでしょう。高田は、この論説でこう論じたのです。

「(撰挙権) を放棄すると放棄せざるとは其勝手なれば脇より入《いら》ぬ世話を焼くには及ばざれども、又一方よりして之を咎《とが》めざるを得ざる理由なきにあらざるなり、何となれば撰挙権を放棄すると も撰挙罰則に照して刑せらるゝ事はなけれど徳義上より之を見る時には立憲代議政体の罪人と謂はざるを得ざるなり夫れ撰挙権を放棄せんとするは撰挙を為すを以て面倒なりと思ふ或は撰挙すべき人物無しと謂ふを口実とするに過ぎず而《しか》して是しきの事にて貴重なる撰挙権を放棄するは立憲代議政体を軽蔑して之が運用の円滑を冀望せざるものと謂はざるを得ざるなり。」

そして、高田はさらに付言して、「若し完全無欠の政治家を見出し而して之を議員に撰挙せんとせば日本国中其人を得べからざるべし」と述べております。

今もそのまま通用する論旨には驚かされますが、この論説を執筆したとき、一八六〇年生まれの高田は、ちょうど三〇歳であったということもさらに驚くべきことです。

ところが、いざふたをあけてみますと、第一回総選挙での投票率は、何と九三・九％という高さでした。この投票率は、一一五年の日本の総選挙の歴史の中で、最高の投票率であります。府県別でみますと、この総選挙で全国最高は、福岡県の九九・〇％、最低は長崎県の八八・九％で、東京は八九・一％で全国で三番目に低い投票率でした。この総選挙の調査報告の中で、末松謙澄が、「今回我国の棄権者の少きは実《まこと》に非常と云ふべし。仏蘭西にては正当の事故なくして棄権するものは罰に処せんと議する者さへあり。我邦にては此形状にては上出来と云ふの外なし」と評したのは、もっともなことです。そして、末松は、投票率が高かった理由として、三つの点を挙げています。

1　「建国以来始めての帝国議会の選挙なれば人心の傾向厚かりしに在り」　はじめての選挙で関心が高かったこと

2　「競争の大なりしに在り」　候補者間の競争がはげしかったこと

3 「商業等の為めに遠方旅行するもの少きも一原因なるべし」

この末松の調査報告は、一一五年前の総選挙後に提出された、日本での最初の選挙結果分析として位置づけられるもので、きわめて的確な検討に基づいたレベルの高さには、目を見張らずにはいられません。高投票率についても、「将来までも如此《かくのごとく》なるや否やは頗る疑はし」と付言しているところにも、末松のすぐれた観察眼がうかがわれます。当時、末松は、内務省の県治局長（現在の自治行政局長に相当？）でしたが、自らも福岡八区（北九州市の南、京都《みやこ》郡、築上《ちくじょう》郡などを含む地域）から立候補して当選しました。当時は、裁判官や警察官などは別として、役人も、現職のまま立候補できたのです。このとき末松は三五歳でしたが、その一〇年前には、イギリスのケンブリッジ大学に留学しており、保守党のディズレーリと自由党のグラッドストンががっぷり四つに組んで展開されていた黄金時代のイギリス議会政治を現地で観察する機会をもちました。そのおりに末松が目をひかれた一つが、保守、自由両党がマニフェストを提示して争う選挙戦の方式でした。そして、末松は、第　回総選挙の調査報告の中で、マニフェストについて触れ、こう書いています。

「西洋にては大概撰挙を争ふ者の中に声望卓越の政治家ありて『マニフェストー』即ち撰挙檄文を発し及ひ各処に演説をも為し将来の政略を吐露して人心を喚起し、独り自己の撰挙区のみならす広く全国の人心を収攬せんことを務むるの習《ならい》なるか、本邦にては未た如此《かくのごとき》の事なし」

わが国の選挙では、最近事新しくマニフェストが話題になりますが、驚くべきことに、マニフェストは、すでに一一五年前の第一回総選挙のおりに、末松謙澄によってわが国に紹介されていたのであります。

いずれにせよ、この末松は、第一回総選挙の投票率について、選挙調査報告の中で、バランスのとれた的確な評価をくだしていたのですが、一般的には、この投票率は、今からみれば意外なことに、きびしい批判にさらされました。大方の期待値はもっと高かったということにほかなりません。そんな雰囲気を背景にして、投票日から一週間経った七月八日に、『毎日新聞』は、「選挙権の放棄」と題する社説を掲げて選挙結果を論評し、棄権者をきびしく批判しました。この社説の一節は、こんな具合です。

「近日選挙の結果を見るに、地方に依りては投票権放棄の数少しと雖ども、又地方に依りては多数の放棄者ありしが如し　而して其放棄したる者の種類を挙れば　第一病気にて投票場に行くを得ざる者　第二旅行したる者　第三投票所に行くの繁を厭ひし者　第四甲党と乙党の両者の間に挟り甲党に投票せんとせば乙党の怒を受け　乙党に投票せば甲党の不満を起さんことを恐れ権利を放棄する者是なり　此四種の中第一第二は已《やむ》を得ざる棄捐《えん》と云ふべし　第三第四に至りては余輩黙視する能はざる者なり　全国数十万の投票数より云へば假令ひ僅々《きんきん》数十数百の人が権利を放棄するも大勢の上に影響なきが如し　然れども江河《こうか》は涓滴《けんてき》の集合して成ると同様に代議政治も一人の投票集合して数十万数百万の投票となり　数百人の代議士を選挙するとなるなり　投票場に行き投票を為し半日一日の時間を費んよりは店頭に坐し顧客を待遇し　又は鍬鋤《しょうじょ》を執りて禾穀《かこく》を培養すること　一身に直接の利あること必然なり　然れども天下を挙げて悉く彼《かの》第三種の人に倣《なら》はしめば　国に代議政躰を建つるに及ばず」

今からみると、この『毎日新聞』の論調は、ちょっと大げさのようにみえます。とにかく、男子普通選挙が実現するまでに一五回の総選挙が行われましたが、この一五回の選挙の平均投票率は、八八・三％ですから、今からみれば、目を見張らさせるような高さです。

ところが、第一回総選挙から三五年を経て男子普通選挙が実現しますと、投票率ががたんと落ちます。昭和三年二月に行われた第一回普通選挙での投票率は、八〇・三六％でした。制限選挙の時代より一割近く落ち込んだわけです。第二回普通選挙は、二年後の昭和五年二月に行われましたが、その直前に内務省の会議室で開かれた地方長官会議で、時の内務大臣安達謙蔵が、「昭和三年二月をもって執行せられたる第一回総選挙の跡に徴するに、棄権率は実に一割九分六厘を算し、大正一三年五月旧法の下に行はれたる制限選挙による総選挙の棄権率九分三厘に比して倍余の多きにおよび、国民多数の参政を目標とする普通選挙の趣旨に鑑み甚だ遺憾とせざるを得ず」と演説したのは、このような背景においてでした。

ところで、この第二回普通選挙の一年前に普通選挙制の下での最初の東京市会議員選挙がありました。地方議会議員の選挙に普通選挙制度が導入されたのは、衆議院議員選挙のための普選法が成立した翌年大正一五年に行われた府県制、市制、町村制の改正によってであります。そして、昭和四年三月に行われた普通選挙制の下での最初の東京市会議員選挙で注目をひいたのが、棄権率の上昇でした。三年前の大正一五年六月に行われた制限選挙の下での最後の東京市会議員選挙での投票率七九・〇％にくらべて、およそ一〇ポイント低い六九・八％であったのです。実は、その一年前に行われた普通選挙制の下での最初の衆議院議員選挙でも、東京の投票率は、制限選挙の下で行われた前回の総選挙のときより、およそ八ポイント低いものでした。

この事態を深刻にうけとめて、昭和四年の東京市会議員選挙での棄権者調査を実施したのが、東京市統計課であります。この調査結果は、昭和六（一九三一）年に『投票棄権者ニ関スル調査』と題する冊子として公にされました。日本における棄権者調査の草分けとしての名誉は、東京市統計課のものです。戦前の日本の政治学は、政治の歴史と思想と制度の研究を中心としていて、選挙についても、選挙制度には一応の注意を払いましたが、選挙の実態には、ほとんど目を向けませんでした。日本の政治学が、選挙の生きた現実の研究に取り組むようになったのは、第二次世界大戦後のことであります。

ところで、東京市統計課の調査は、面接調査によるものではなく、選挙人名簿その他の関係書類からえられる情報の検討に基づくものでしたが、いろいろと興味深い指摘をしています。その一つが、投票所への距離と棄権率との関係で、投票所への距離が遠い有権者ほど棄権率が高くなるというものであります。たとえば、調査の結果によりますと、投票所への距離が五町以下（五四五メートル以下）の有権者の棄権率は、二九・二％でしたが、一五町から二〇町（一六三五メートルから二一八〇メートル）の有権者の場合の棄権率は、三四・四％、投票所への距離がさらに遠くなって、二五町以上（二七二五メートル以上）の有権者の場合、棄権率は、四七・四％であったということです。

ちなみに、投票所の配置の問題について最初に注意を喚起したのは、イギリスの政治思想家ジョン・スチュアート・ミルであると思われます。ミルは、一八六一年に出した『代議政治論』の中で、「投票所は、どの投票者も簡単に行ける範囲内にある程度の数でなければならない」と論じています。おそらくこのミルの議論に触発されてのことであったろうと思われますが、日本で投票所の配置の問題に目を向けた最初の政治学者と目されるのが、高田早苗であります。高田は、第一回総選挙の翌年、一八九一年に出した『通信教授政治学』という著作の中で、「撰挙場は撰挙者の便利を計り多く設くるを良しとす」と述べております。

そして、このミルや高田早苗の主張にいわば裏づけを与えたのが、東京市統計課の「棄権者調査」でした。

いずれにしても、普通選挙制の導入以降、投票率は、結局、好転しませんでした。男子普通選挙制の下で行われた総選挙は六回ですが、この六回の選挙の平均投票率は、八〇・一％で、それ以前の制限選挙時代とくらべて、投票率は、平均して八ポイント下がったわけです。

そして、第二次大戦が終わってから四か月後に行われた衆議院議員選挙法改正によって、女性参政権が実現しました。ちょうど六〇年前のことですが、この男女平等普通選挙制の下で、平成五年総選挙までに一九回の総選挙が行われました。この一九回の総選挙での平均投票率は、七二・二%で、男子普選時代よりさらに八ポイント下がりました。

ついで、平成六（一九九四）年に導入された小選挙区比例代表並立制の下で、先日の九月総選挙を含めて四回の総選挙が行われてきましたが、これらの四回の総選挙での平均投票率は、さらに一〇ポイント下がって、六二・三%にすぎません。五九・六%という総選挙史上最低の投票率が記録されたのは、小選挙区比例代表並立制の下での最初の総選挙であった一九九六年一〇月総選挙のときです。

こういった事態に照らしてみますと、先程触れました一一五年前の第一回総選挙の際の『毎日新聞』の論説が、現実味を帯びてよみがえってきます。この論説は、「代議政治の挙がると挙がらざるは、選挙人の注意如何にあり、余輩《か》は彼の投票棄捐者が今後選挙に注目し、区々の情実に屈せず所有の権利を成るべく有価の者とならしめんことを望むなり」と結ばれていますが、この結びは、さながら今日の有権者への呼びかけのようでもあります。

4　制度か人間か

こんなわけで一一五年の歴史を経て、日本の選挙はまた振り出しにもどったかのようです。たしかに、棄権者の増加に対処するため、投票時間の延長、不在者投票の事由の緩和、不在者投票時間の延長、期日前投票制の導入などの制度改革が、最近わが国であいついで実施されてきました。これらの改革は、社会の変化、市民の生活スタイルの変化などに応じたもので、当然の方策でした。しかし、制度をどんなに改革しても、あるいは制度の運用についてどんなに考慮を払っても、それで問題が万事解決するというわけにはいきません。

日本の明治維新の前後の時期に活躍したイギリスの政治思想家が、ジョン・スチュアート・ミルでありますが、このミルが明治維新の七年前の一八六一年に出したのが、先程もちょっと触れた『代議政治論』という本です。この本は、第一回総選挙が行われて国会が開設されたころの日本のリーダーたちに盛んに読まれた本の一冊であり、今日もなお知的刺激力横溢といった趣の議会制デモクラシー論の古典の中の古典ですが、この本のはじめのほうで、ミルは、こう述べております。

「政治制度は、人間が作るものであり、それを作るのも、それを動かすのも、人間の意志である。ある夏の朝起きてみると、これらの制度がいつの間にか動き出しているといったことはない。政治制度は、一度植えると人間が寝ている間に絶えず成長し続ける樹木とは違うのである。」

要するに、ミルは、制度は人間が動かす努力をしてはじめて制度としての働きをするのだといっているわけですが、二〇世紀のアメリカを代表する政治評論家として知られておりますウォルター・リップマンもまた、一九一三年に著した『政治学序説』という本の中で、制度さえ改革すれば、それで問題が解決すると考える制度至上主義の考え方を批判して、こう警告しております。

「今日の改革は、道具に大きな力点をおいていて、これらの道具の上手な使い方については、ほとんど目を向けていない。その考え方によると、人間性には問題がなく、間違っているのは制度だというのである。こういった考え方の結果は、制度に関心を集中させ、人間を軽んじることであった。そこから一歩進めば、制度それ自体が終点になってしまう。」

たしかに、ジョン・スチュアート・ミルが説いているように、制度を活かすも殺すも人間次第ですし、またリップマンが指摘しているように、基本的に重要なのは、道具の使い方であり、人間が制度を目的に沿ってどう使いこなすかです。こういう観点に立ちますと、選挙制度を活かすか殺すかは、有権者のあり方次第ということになります。

世界で最初の棄権者調査が行われたのは、一九二三年のことで、調査を実施したのは、アメリカのシカゴ大学の政治学者たちでした。アメリカでは、一九二〇年八月の憲法改正で女性選挙権が全米で確立しましたが、その三か月後に行われた大統領選挙で、アメリカの大統領選挙の歴史の中ではじめて投票率が五割を下まわってしまいました。この大統領選挙から二年半経った一九二三年四月にシカゴの市長選挙がありました。そして、男女平等普通選挙制の下での最初の市長選挙であったこの選挙でもまた、投票率は五割にとどかず、四九・三％でしたが、その中で女性有権者の投票率は、三五・五％にすぎなかったのです。

この事態を目の当たりにして、シカゴ大学の政治学者たちは、この棄権の原因を究明する必要があると考えました。デモクラシーの発展を目指して実現した男女平等普通選挙権の下での選挙で、過半数の有権者が選挙に背を向けるといった事態は、デモクラシーの健全な発展にとって望ましいことではないと思われたからであります。こうして、選挙後に七四万人の棄権者の中からサンプルとして選ばれた六〇〇〇人の棄権者に対する面接調査が実施されました。これが、世界最初の棄権者調査でありますが、翌年の一九二四年に発表された調査結果から明らかになったのが、棄権の主要な原因が政治的無関心であり、また都市住民の移動・流動性ということです。そして、このような調査結果の検討に基づいて、シカゴの政治学者たちが棄権の問題の是正策として提起したのが、投票時間の延長、不在者投票制の改革、市民の政治教育の活発化などでした。

ここでとくに注目に値しますのは、シカゴの政治学者たちが、投票時間や不在者投票制などに関する制度上の改革だけではなく、これらの制度の使い手としての有権者の政治的関心を刺激するための啓発活動が、選挙の活性化にとって不可欠のことと考えたことです。いずれにしましても、活気溢れるデモクラシーの発展が、基本的にデモクラシーの祭りとしての選挙への有権者の対し方いかんにかかっていることは、いうまでもありません。

外国人の名前ばかり出して恐縮ですが、もう一人だけ挙げさせてください。カール・フリードリヒという政治学者です。フリードリヒはドイツ生まれで、一九二六年にアメリカに亡命し、ハーバード大学で政治学を講じ、第二次世界大戦後にアメリカ政治学会会長や世界政治学会会長を歴任した二〇世紀を代表する政治学者の一人ですが、一九七二年に政治腐敗や暴力の問題を主題とした『政治の病理学』という本を出しました。この本の中で、フリードリヒは、こんなことを書いています。

「腐敗の除去は、家の掃除と同じで、一度すれば、それでもう永久にしなくていいということにはならない。腐敗を減じるという仕事は、終わりのない仕事、ネバー・エンディング・タスクである。」

同じように、選挙を公正で効果的なものとして発展させるという仕事は、まさに終わりのない仕事にほかなりません。一一五年の日本の選挙の歴史を振り返って、この思いは、いまますます痛切であります。

時間が過ぎましたので、私の話はこの辺で終わらせていただきます。長時間ご清聴ありがとうございました。

2章　選挙制度の運用とデモクラシー

1　選挙制度改革論の問題点

選挙制度の改革をめぐる議論が、最近また活発になってきた。一つの論点は、今年（二〇〇〇年）の六月総選挙の結果に照らして、自民党や公明党などから出てきている中選挙区の部分的復活案に関連している。今年の一〇月に実施された国勢調査結果に基づいて、年末から小選挙区の区割りの見直し作業が始められる段取りになっているといった文脈で、この主題をめぐる議論は、今後ますます勢いづいてくるかもしれない。もう一つの論点が、唐突に第一五〇臨時国会に与党三党によって提出され、与野党間のきびしい対決点となった、参院比例代表選挙への非拘束名簿式の導入を軸とする公職選挙法改正案をめぐるものであったことは、いうまでもない。

問題は、例によって議論が党派的利害に基づいていたり、場当たり的であったりといったきらいが強すぎることであるが、ここで同時に目を向けるべきは、制度至上主義への強い傾向であろう。アメリカの政治評論家ウォルター・リップマンは、1章で触れたように、一九一三年に出した『政治学序説』で、「今日の改革は、道具に大きな力点をおいていて、これらの道具の上手な使い方については、ほとんど注意を向けていない」[1]と論じて、制度至上主義の陥穽に警告を発したが、わが国の政治においては、問題が起こると、すぐその原因が制度に求められ、制度改革が声高に唱えられるのが、最近の例になっている。

とにかく、いくら制度を改革しても、それで問題が解決するというわけにはいかないが、しかし、社会的・政治的変化が進む中で、時間の経過とともに制度改革が時代のニーズとなることもまた不可避であろう。この文脈でわが国での問題は、制度改革への議論に当たって、現行制度が実際にどのように運用されているか、デモクラシーを発展させる方向で機能しているかといった点について多角的な検討を行う作業が、かならずしも積極的になされていないということである。この関連で、ジェームズ・ブライスが一九二一年に出した『現代民主諸国』の序文の冒頭でつぎのように述べているのは、今日のわが国の状況と照らしあわせて、まことに興味深い。

「かなり前になるが、イギリスで政治改革案が盛んに議論されていたとき、議論の大半は、一般的原理に基づいており、他の国の歴史や出来事に言及されることがあっても、通常あいまいで、結びつきが弱かった。そのとき私が思いついたのは、いくつかの民衆政府の実際の活動を検討し、相互に比較し、それぞれの長所・短所を説明すれば、議論の判断のためのしっかりとした基礎を提供するのに役立つのではないかということである。そういった類の比較研究が企てられたのを目にしたことがなかったので、私がそれをしてみようと考えついたわけである[2]。」

本章の目的は、このような観点から、わが国の選挙制度の運用の実際に目を向け、問題の所在と性質について検討するところにある。

注

1 Walter Lippmann, *A Preface to Politics*, 1913, pp.294-295.

2 James Bryce, *Modern Democracies*, Vol.I, 1921, p.vii.

2 選挙制デモクラシーと選挙の頻度

ここでまずとりあげたいのは、選挙の頻度の問題である。

選挙は、デモクラシーの祭りといわれ、二〇世紀が、この祭りが世界的に広まった世紀として特徴づけられることについては、すでに1章で言及した[1]。

しかし、選挙制デモクラシーのありようは、国ごとにまさに千差万別といっていい。なによりもまず、祭りの回数が違う。イギリスの場合、全国選挙は下院議員選挙だけであり、一九四五年七月の総選挙から九七年五月の総選挙までの五二年間に一五回の総選挙が実施されてきた。平均して三年八か月に一回の国政選挙ということになる。しかも、最近は、選挙間隔が長くなる傾向が強い。一九七九年五月総選挙と九七年五月総選挙の間についてみると、この一八年間における選挙間隔は、四年六か月である。

イギリスにおける選挙間隔の長さの一つの理由が、下院議員の任期が五年であることはいうまでもないが、連邦下院議員の任期が二年と短く、しかも解散がないアメリカでは、連邦下院議員選挙は、否応なしに二年ごとに定期的に行われることになる。そして、アメリカでは、この連邦下院議員選挙と同じ日に連邦上院議員の三分の一も改選され、また四年ごとには同じ日に大統領選挙も行われる。アメリカの連邦選挙は、かならず同日選挙で行われるのである。

アメリカの連邦選挙の投票日が、現在、西暦偶数年の一一月の第一月曜日のつぎの火曜日と定められていることは、あらためて指摘するまでもない。要するに、アメリカの連邦選挙の投票日は、一一月二日から八日の間ということであり、二〇〇〇年は、一一月七日である。連邦選挙がこのような日取りで行われるようになったのは、一九世紀半ば以降のことで、連邦議会は、法律によって、まず一八四五年に大統領選挙人が一一月の第一月曜日のつぎの火曜日に選択されることを、ついで一八七二年に連邦下院議員が大統領選挙人と同じ日に選挙されることを、さらに一九一三年の連邦憲法第一七改正によって連邦上院議員が直接選挙制に改められた際に、上院議員もまた同じ日に選挙されることを、それぞれ定めたのである。[2] こうして、一九一四年の中間選挙から上下両院議員選挙が、さらに一九一六年からは、これらの両院議員選挙と大統領選挙が、同日選挙で行われることになり、今日に至っている。

この中で、アメリカでは、選挙の頻度が、選挙制度をめぐる論点の一つを形成してきた。そのような議論がとりわけ顕著になったのは、女性参政権が実現し、大衆デモクラシーが制度的に確立するのと裏腹に、デモクラシー論者たちの期待を裏切る形で投票率が急下降した一九二〇年以降においてである。アメリカの大統領選挙では、一九〇〇年から一六年までの間で、最高が七三・八％、最低が五九・八％、平均して六五・二％であった投票率が、一九二〇年（四九・三％）と二四年（四八・九％）に連続して五割を下まわった。さらに、一九一八年に三割台（三九・九％）に落ち込んだ中間選挙での投票率は、二二年（三五・七％）、二六年（三二・九％）と連続して下降したのである。[3]

この事態と選挙の頻度との関連についてのもっとも早い問題提起者としてあげられるのは、当時の代表的政治評論家で、「政治行動」というタイトルをもつ最初の著作『政治行動』（一九二八年）の著者として知られるフランク・R・ケントであろう。ケントは、一九二三年に出した『政治の大ゲーム』という著作において、選挙の頻度と政治的無関心との関連に注意を喚起して、こう論じたのである。

「もし、投票用紙を短くするのに加えて、選挙の回数を減らすことができれば、投票者の関心がそれに応じて増大するであろうというのが、論点である。政治情報の入手がよりたやすくなるだけでなく、選挙の頻度が下がることによって、選挙がいまよりもより重要で価値があるものにみえてこよう。今日の状況の下では、大都市の中には、一年の間に二回、三回、場合によっては四回の選挙が行われているところもある。しかも、たとえばシカゴでは、投票用紙上に何百人もの候補者の名前が載っている。平均的投票者は、これらの名前を聞いたこともない。これらの名前は、平均的投票者にとって何の意味もなく、選択は、ばかばかしいもののように見えてくるのである[4]。」

その翌年に『代議政治論』（一九二四年）を出したプリンストン大学の政治学者で、一九一七年から二〇年にかけてアメリカ政治学会の会長をつとめたヘンリー・J・フォードは、同書において、選挙は、政治家をとりかえたり、政治家がテーブルにつく位置をとりかえるかも知れないが、選挙が頻繁に行われると、結局「いままで通りの同じゲームが続くだけ」になってしまうとし、「選挙の回数が多ければ多いほど、公共政策に対する選挙の影響は小さくなる」と指摘した[5]。

さらに、その翌一九二五年に『わが連邦共和国』を出した、シカゴ大学の政治学の最初期のリーダーで、一九〇六年から二三年まで一七年間にわたって同大学総長をもつとめたハリー・プラット・ジャドソン[6]は、同書において棄権のもっとも重要な理由として、大きすぎて始末に困る投票用紙、変わりばえのしない結果とともに「選挙が多すぎること」をあげたのである[7]。

そして、最近のアメリカでは、常態化した投票率の不振と関連して、高い頻度がアメリカの選挙の特徴として論じられることが多い。たとえば、オハイオ州立大学の政治学者ハーバート・F・ワイズバーグ編で一九九五年に刊行された『デモクラシーの祭り――アメリカの選挙』において、スティーブン・ニコルスらは、「アメリカでは、選挙は、ごくありふれた日常茶飯事である。大統領選挙、予備選挙、中間選挙、地方選挙、レファレンダム、イニシアティブなどを数えあげると、アメリカ人は、四年間に八回も投票する。これと比較して、イギリス人の投票者は、同じ四年間に二回か三回投票に参加するだけであろう。こんなわけで、選挙参加は、アメリカの市民にとって、他の国の市民にとってよりも、特権的要素がより小であるように感じられよう[8]」と記し、またペンシルベニア州立大学のマイケル・L・ヤングは、より一般的に選挙の頻度をめぐるアメリカでの最近の議論の動向について、こう書いている。

「アメリカにおける選挙の頻度は、投票者の無関心を増大させ、低投票率を招く可能性がある。多くの政治観察者の考えるところでは、これは、選挙の長い連続によって投票者がうんざりし、疲れはててしまうことを示す症例である。多すぎる選挙は、投票者の関心を鈍らせるという命題は、もっともではあるが、これまでのところそれを裏付ける確かな証拠はない[9]。」

いずれにせよ、高い頻度でつぎからつぎへと行われる選挙の中で、アメリカの有権者は「選挙づけ」

の状態になってしまい、「参加疲れ（participation fatigue）」[10]がここでの不可避の現象になっているとする見方が、今日、アメリカの政治学者の間で広範にみられるのである。

ところで、国政選挙の頻度の点でアメリカよりさらに際立っているのが、日本の場合である。第二次世界大戦後についてみると、衆院総選挙は、一九四六年四月の戦後第一回総選挙から二〇〇〇年六月総選挙まで二一回行われてきた。二年八か月に一回の頻度である。わが国の国政選挙の頻度を高めたのが、公選制の参議院の導入であることは、いうまでもない。参院通常選挙は、一九四七年に第一回が行われ、九八年に第一八回が行われた。この中で、一九八〇年総選挙と第一二回参院通常選挙、八六年総選挙と第一四回参院通常選挙は、同日選挙で行われたので、一九四六年から二〇〇〇年までの五四年間に三七回の国政選挙が行われてきたことになる。つまり、わが国では、平均して一年半に一回の頻度で国政選挙が行われてきたのである。

ちなみに、一九四七年四月総選挙以降についてみると、国政選挙間の間隔がもっとも長かったのは、八六年七月六日の同日選挙から八九年七月二三日の参院通常選挙までの三年二週間余りであり、もっとも短かったのは、五三年四月一九日の総選挙から同年四月二四日の参院通常選挙までの五日である。しかも、わが国では、この間に統一地方選挙が、全国的な規模で四年ごとに行われる。この統一地方選挙を考慮に入れると、一九九〇年から二〇〇〇年までの間に行われた主要選挙は、一九九〇年、九三年、九六年、二〇〇〇年の四回の総選挙、九二年、九五年、九八年の三回の参院通常選挙、九一年、九五年、九九年の三回の統一地方選挙であり、統一地方選挙は二回に分けて行われるので、この一〇年間に行われた全国規模の選挙は一三回ということになる。

わが国でこのような選挙の頻度と投票率の関係で注目されてきたのが、一二年ごとに参院通常選挙と統一地方選挙がごく近接した時期に相前後して行われる亥年には、統一地方選挙の二、三か月後に行われる参院通常選挙での投票率がつねに顕著に低落するという「亥年現象」にほかならない。一九九五年七月の参院通常選挙で記録された四四・五二％というわが国の国政選挙史上最低の投票率が、この「亥年現象」と関連していたことは、まずまちがいのないところであろう。とにかく、これまで行われてきた一八回の参院通常選挙の平均投票率は、六三・五五％であるが、一九五九年、七一年、八三年、九五年の亥年に行われた四回の参院通常選挙では、投票率が六割に達したことはない。

ところで、選挙の頻度の高さは、有権者の「参加疲れ」を招き、棄権率の上昇を招くだけではない。頻繁な選挙は、政党や政治家たちをとかく次の選挙への関心のとりこにしてしまい、かれらの長期的な視野に立つ活動を抑制しがちであるところに、デモクラシーの発展にとって見逃せない問題がある。アメリカの評論家ジェームズ・Ｆ・クラークは、「小政治家は次の選挙を考え、大政治家は次の時代を考える」という有名な警句を残しているが、高い頻度で選挙が行われる場合、政治家たちが小政治家化する可能性が高まることは、まず不可避としなければなるまい。

わが国のデモクラシーにとっての問題は、それだけではない。頻繁な国政選挙は、頻繁な首相の交代を伴いがちであるからである。アメリカでは、大統領は四年の任期で選出され、再選されれば通算八年間その地位にとどまることができるのに対して、わが国では、首相は、総選挙での不首尾はおろか、参院通常選挙での自党の勢力の後退の責任を負い、政権の座を降りることになるのも、けっしてまれではない。実際に、最近一〇年間にわが国では八人の首相を送り迎えたが、この間のアメリカの大統領は、ブッシュとクリントンの二人であり、またイギリスでは、一九九〇年一一月にサッチャーからメイジャーへ、九七年五月総選挙での労働党の勝利によってメイジャーからブレアへと首相の座が移動したにすぎない。

わが国の首相に対して、長期的視野に立ち、時代のニーズに積極的に対応した政権運営を困難にしている一つの要因が、主要民主国に比してかなり高い頻度で行われる国政選挙とも関連する頻繁な首相の交代にあることは、否むべくもなかろう。

注

1 *The Japan Times*, Dec.22, 1999.

2 Jay M. Shafritz, ed., *The Harper Collins Dictionary of American Government and Politics*, 1992, p.199.

3 Thomas T. Mackie and Richard Rose, eds., *The International Almanac of Election History*, 3rd ed., 1991, pp.473, 492, 494.

4 Frank R. Kent, *The Great Game of Politics*, 1923, p.184.

5　Henry J. Ford, *Representative Government*, 1924, p.271.
6　Harry S. Ashmore, *Unseasonable Truths : The Life of Robert Maynard Hutchins*, 1989, pp.73, 74.
7　Harry Pratt Judson, *Our Federal Republic*, 1925, p.77.
8　Stephen M. Nichols and Paul Allen Beck, "Reversing the Decline : Voter Turnout in the 1992 Election", in Herbert F. Weisberg, ed., *Democracy's Feast : Elections in America*, 1995, p.34.
9　Michael L. Young, ed., *The American Dictionary of Campaigns and Elections*, 1987, p.[illegible]3.
10　Frank Conley, *General Elections Today*, 2nd ed., 1994, p.227.

3　投票日をめぐる最近の論点

「デモクラシーの祭り」を行う祭日としての投票日の日取りについても、その決め方は、国ごとにさまざまである。

すでに触れたように、アメリカの連邦選挙の投票日は、一九世紀の七〇年代以降、西暦偶数年の一一月の第一月曜日の次の火曜日と定められてきた。一一月が選ばれたのは、この時期が、①刈り入れの農繁期が終わり、②気候が暑からず寒からずであることと関連しているという[1]。つまり、基本的には、当時の農村社会的条件を背景として、投票日の時期が決められたのである。また、火曜日と定められたのは、宗教上の理由で日曜日に選挙を行うことに反対する人々の権利を守り、同時にこれと関連して選挙事務上投票日と日曜日の間に少なくとも一日の間隔をおくことが望ましいことなどに基づき、さらに一一月一日を避けたのは、月の第一日を投票日とすることは、ビジネス関係にとって不都合であるからとされる[2]。

ところで、一八八九年のわが国の最初の衆議院議員選挙法は、「選挙ノ投票ハ通常七月一日ニ之ヲ行フ」（第三〇条）と定めた。しかし、総選挙が七月一日に行われたのは、一八九〇年の第一回総選挙だけで、一九〇〇年に改正された選挙法では、単に「総選挙ノ期日ハ勅命ヲ以テ之ヲ定メ少クトモ三〇日前ニ之ヲ公布ス」と規定し、選挙の期日を特定することはなくなった。なによりも、最初の選挙法の下で行われた六回の総選挙は、第一回を除きいずれも解散によるものであり、投票日を「七月一日」と定めることは、実際上ほとんど無意味であったのである。しかも、七月一日という投票日の日取りは、当時の社会的条件に照らして適切性の点で問題なしとしなかった。第一回総選挙直後の一八九〇年七月五日の読売新聞は、「撰挙の時期改めざる可らず」と題する論説を掲げ、つぎのように論じて問題点を指摘している。

「七月一日前凡そ一ヶ月は蚕の四眠する時なり茶の芽を摘む時なり麦を刈入るゝ時なり稲苗を植付る時なり而して此一年中最も農家の繁忙なる時を撰挙競争の日に充てざるを得ざるは実に不

都合と云はざるを得ず……余輩は七月一日を以て投票を行ふ日と定めたるは何等の理由に基けるかを知る能はざるも前に述べし如き理由あるを以て之を改正して今少しく先に延べんことを冀望す」

ところで、最近のわが国で七月選挙を不適当とする議論が強く提起されている。とりわけ七月中旬から下旬にかけてのころに行われた国政選挙での投票率は、きまって不振であり、それが、この時期に梅雨明けとともに夏休みシーズンが始まり、行楽に出かける有権者が年々増加する傾向にあり、投票への関心がとかく後景に退くことになるという事態と密接に関連しているとみられているからにほかならない。要するに、第一回総選挙当時の七月選挙反対論は、農業社会的条件と連関していたのに対して、最近の反対論は、脱工業社会的条件と連関しているのである。

しかし、投票率との関連での七月選挙の今日的問題点は、このような「行楽優先有権者」の増加だけではない。もう一つの問題点として注目に値するのが、わが国の人口移動状況との関連である。わが国の人口移動は、毎年三月、四月、五月に集中的に起こる。その結果、七月選挙においては、これらの移動族のかなりの部分にとって、投票参加のコストが、通常の有権者にくらべてずっと高くなるのは避けがたい。これらの移動族の多くは、不在者投票を行う場合、「選挙の期日の前日までに、名簿登録市町村の選挙管理委員会の委員長に対して直接に又は郵便で」「投票用紙および不在者投票用封筒」の交付を請求する手続きをしなければならないからである。

ちなみに、住民基本台帳人口移動報告によると、一九九七年の場合、年間移動者総数六四二万四六九〇人のうち、三月、四月、五月の各月の移動者数は、一一〇万九七四二人、一一二万五二六四人、四二万二八八五人、合計二六八万七八九一人で、年間移動者総数の四一・八％であった[3]。このうちの八割程度（二一五万人）を有権者とみると、有権者全体の二％強ということになる。

投票日をめぐるもう一つの最近の論点としてあげられるのが、日曜投票の是非であろう。この議論もまた、今日の都市生活の条件の中で、日曜日が投票日である場合、行楽等の理由で投票参加率が否応なしに下降するとみられていることと関連している。このことがとりわけ大きな関心を集めたのは、一九九二年七月二六日（日）に行われた参院通常選挙のときで、この選挙では、投票率は辛うじて五割を超える五〇・七〇％にとどまり、国政選挙でのそれまでの最低を記録した。自治省がこの選挙のあとで全国の有権者二〇〇〇人について「投票日に関する世論調査」を実施したのは、この事態をうけてである。ところが、調査の結果によると、投票日として「日曜・祭日」を希望するものが圧倒的に多くて、七八・三％に達し、「土曜日」「その他の平日」を希望するものは、それぞれ三・一％、三・七％にすぎなかった。

しかも、自治省が同時に実施した都道府県・市町村選挙管理委員会を対象にした「投票日に関する意向調査」によると、「前日の設営を含め二日間にわたる学校、保育所等の投票施設の確保が困難となる」「平常事務があるため、投・開票事務従事者を確保するのが困難となる」「投票管理者や立会人の選任が困難となる」「出勤前の朝の時間帯や、帰宅時間帯に投票者が集中し、投票所が混乱する恐れがある」といった平日投票実施上の問題点が指摘され、やはり平日投票に対する消極的な反応が一般的であったという[4]。

この中で、新潟県長岡市では、低落続きの投票率のアップをねらいとし、「投票所として使用する施設のうち学校、市有施設、地区公民館等は、日曜日と第二、第四土曜日が使用可能であり」「土曜日に保育を行っている保育所は、投票所として使用することに支障がない」ことなどを確認した上で、一九九六年五月の第四土曜日（五月二五日）に市長選挙を実施し、全国的な注目を集めた[5]。しかし、選挙結果からみると、土曜投票が投票参加を促進する上でとくに効果的であったかどうかは、定かではなかった。たしかに、投票率は、前回の市長選挙（一九九二年）での四四・六九％を一・七ポイント上まわったが、それでも四六・八六％にとどまったのである。しかも、この上昇がいっそう関連していたのは、土曜投票についての市選管の活発なPR活動や、この「実験」を話題として一斉にとりあげたマスコミの報道であったともみられるのである。

そして、長岡市選管が、有権者三〇〇〇人を対象にしてこの市長選挙後に行った調査によると、「投票日は何曜日がいいですか」の問いに対して、四八・六％は、「日曜・祝日」と答え、「土曜日」派は二〇・二％、「平日」派は一・九％にすぎなかった[6]。

このような有権者の反応等に照らして、わが国では、国政選挙の平日投票への移行は当面見送られたかっこうになっているが、興味深いことに、アメリカでは、近年日曜投票ないし休日投票への移行を求める声がけっして少なくない。マイケル・L・ヤングは、この点についてこう指摘している。

「最近、投票日の日取りについていくつかの提案がなされてきた。それらの提案の大半は、投票をよりしやすくすることによって投票率を高めることをねらいとしている。これらの提案の中に含まれるのが、投票所を二四時間開ける、投票日を複数日にする、選挙を日曜日に行うといった勧告である。[7]」

アメリカで、投票参加の促進という観点から投票日の日取りについてもっとも早く問題を提起したのが、E・E・シャットシュナイダーを委員長とするアメリカ政治学会の「政党に関する委員会」で、同委員会がちょうど五〇年前の一九五〇年に提出した報告書『より責任ある二党制へ向けて』は、有権者の投票に対する障害を減じる方策として、「投票時間の延長」「不在者投票制の改革」などとともに、「投票の土曜日または日曜日の実施」を挙げ、こう敷衍している。

「大半の労働者が働いていない土曜日あるいは日曜日の選挙の実施は、アメリカ以外のいくつかの民主国で行われている慣行である。土曜投票ないし日曜投票は、それが社会の宗教的伝統と衝突しないところでは、投票数の増加におそらく資するであろう。[8]」

ちなみに、シャットシュナイダーは、当時のアメリカにおける指導的政治学者の一人であり、この報告書の提出から六年を経た一九五六年にアメリカ政治学会会長に就任した。

また、一九四七年には、ワシントン州選出のウォレン・マグナソン連邦上院議員が、西暦偶数年の一一月の第一月曜日の次の火曜日を国民投票日とし、この日を休日とする法案を提出し[9]、さらにそれから四五年を経た一九九二年には、オレゴン州選出のロン・ワイデン連邦下院議員が、投票日を無給休日とする法案を提出した[10]。これらは、いずれも不首尾に終わったが、日曜・休日投票への動きが、投票率の不振で終わる選挙のたびごとにアメリカで活発化することは、今後もまず避けられないであろう。

その中で、イギリスでは、一九三五年総選挙から一九九七年総選挙まで連続して一六回の総選挙が、すべて木曜日に行われてきた。その主たる理由は、木曜日が、イギリスの有権者の大半にとって利便さの点でもっとも公平であるとみなされているところにあるという。また、オーストラリアの総選挙は、一九七二年総選挙から一九九八年総選挙までの一二回がすべて土曜日に実施されてきた。いずれにせよ、一九九八年に行われたドイツ、スウェーデン、一九九九年に行われたフィンランド、ベルギー、スイス、二〇〇〇年に行われたスペインなどの総選挙が、いずれも日曜投票であったところからもうかがわれるように、現在、世界では日曜日を投票日としている国の方が、むしろ多いのである。

注

1 Frank J. Sorauf and Paul Allen Beck, *Party Politics in America*, 1998, p.278.

2 J. M. Shafritz, ed., *op.cit.*, p.199.

3 総務庁統計局編『住民基本台帳人口移動報告年報（平成九年）』日本統計協会、一九九八年、四ページ。

4 自治省選挙部「平日投票に関する検討について」『選挙』第四六巻第一号、一九九三年、六一～六三ページ。

5 新潟県長岡市選挙管理委員会編『土曜日投票——有権者はどう思う』長岡市選挙管理委員会、一九九六年、五ページ。

6 同右、二二ページ。このような経緯を背景にして、次回の長岡市長選挙は一九九九年一一月二一日の日曜日に行われた。

7 M. L. Young, ed., *op.cit.*, p.13.

8 The Committee on Political Parties of the American Political Science Association, ed., *Toward a More Responsible Two-Party System*, 1950, pp.11,77.

9 *Ibid.*, p.77.

10 S. M. Nichols and P. A. Beck, *op.cit.*, p.69, n.8.

4　投票所と投票立会人

わが国の最初の衆議院議員選挙法は、「選挙人ハ選挙ノ当日本人自ラ投票所ニ至リ選挙人名簿ノ対照ヲ経テ投票スヘシ」と定めたが、投票所における投票が、今日においてもなお投票の原則であることには変わりはない。しかし、投票所のありようは、時代によって大きく変わってきたし、またさまざまな角度から論議の対象になってきた。

　投票所についての古典的な問題提起は、ジョン・スチュアート・ミルが、一八六一年の『代議政治論』で行っているものであろう。ミルは、同書において「投票の方式」について論じながら、「投票所は、どの投票者も簡単に行ける範囲内にあるといった程度の数でなければならない」[1]と指摘しているのである。同様の視点に立ってわが国でもっとも早く投票所の問題に目を向けたのは、高田早苗であるかもしれない。高田は、一八九一年に出した『通信教授政治学』において、ミルの議論をなぞる形でこう述べている。「撰挙場は撰挙者の便利を計り多く設くるを良しとす。[2]」『通信教授政治学』は、一八八六年から八九年の間に分冊で出されたものを合本として九一年に刊行されたものであるから、実際には、高田の議論は、わが国で第一回総選挙が行われる以前に提起されていたわけである。

　これらのミルや高田の議論は、投票所へのアクセスの便不便が投票参加に影響を及ぼすとみる視点と関連しているが、このような考え方に基づき、投票率の向上のために投票所の増設を指示したのが、一九三〇年二月の第二回普通選挙の直前の地方長官会議で行った内務大臣安達謙蔵の演説であった。安達内相は、この演説で第一回普通選挙での八〇%強という投票率を遺憾とし、「今次の総選挙に際しては、事情の許す範囲において勉めて投票所の増設を計り、もって選挙権の行使に便ならしむる等棄権防止に関し最善の努力を尽されんことを望む[3]」と説示したのである。

この第二回普通選挙の一年ほど前の一九二九年三月に行われたのが、普通選挙制に基づく最初の東京市会議員選挙であった。そして、この選挙での棄権率が三〇・二%にのぼったことを深刻に受けとめた東京市は、事態の改善をはかるために、わが国での棄権者調査の草分けとして位置づけられる、棄権の原因の究明をねらいとする調査を行った。その報告書が、一九三一年に公にされた『昭和四年三月東京市会議員総選挙・投票棄権者ニ関スル調査』である。

当時、投票率は、七割はおろか八割でも低すぎるとみられていた。安達内相にしても、さきの演説で、「昭和三年二月をもって執行せられたる第一回総選挙の跡に徴するに棄権率は実に一割九分六厘を算し、大正一三年五月旧法の下に行はれたる制限選挙による総選挙の棄権率九分三厘に比して倍余の多きにおよび国民多数の参政を目標とする普通選挙の趣旨に鑑み甚だ遺憾とせざるを得ず[4]」と述べていたのである。それどころではない。わが国の総選挙史上最高の投票率は、一八九〇年の第一回総選挙の際に記録された九三・九%であるが、この投票率でも、当時の大方の期待水準を満たすものではなかった。

たとえば、『読売新聞』は、第一回総選挙から二日後の七月三日の論説で、「読者は昨日の紙面を一読せられたるならんか棄権者は実に少からざりしにあらずや」と問題を投げかけ、高棄権率の主原因の一つを記名投票に見い出し、投票を匿名投票に改める必要を論じたが、それから数日を経た七月八日付けの『毎日新聞』は、「選挙権の放棄」と題し、棄権者をきびしく論難する論説を掲げた（二四一―二五頁参照）。

このような背景で、一九二九年三月の東京市会議員選挙での投票率が六九・八％に過ぎなかったということが、東京市の関係者たちにとってまことに不都合な事態として受けとめられたことは、当然のことであったろう。そして、この棄権者調査の結果から明らかになった一つが、投票所への距離と棄権率の相関であった。すなわち、1章で紹介したように、この調査によると、投票所への距離が遠い有権者ほど棄権率が高くなるという傾向が顕著であったのである。

このような投票所への距離と投票率の関連は、今日ではきわめて一般化した見方になっているとみてよかろう。自治省選挙部長が、最近の国政選挙のたびごとに各都道府県選挙管理委員会委員長あてに「投票における選挙人の利便を図り、あわせて投票管理事務の合理化を促進するため、投票区の増設については、日頃から努力をわずらわしているところであるが、最近の都市化および過疎化に伴う選挙人の集団の状況、投票区の地形および交通の利便等地域の特性を充分考慮のうえ、左記事項について積極的に措置するよう管下市町村に対し適切な御指導をお願いする」といった趣旨の投票区増設に関する「自治省選挙部長通知」を送付しているのも、そのためにほかならない。なお、この「通知」中の「左記事項」は、およそつぎのとおりである。

1 遠距離地区（投票所から選挙人の住所までの道程が三キロメートル以上ある地区）を含む投票区

にあっては、当該投票区の分割、再編成等の措置により遠距離地区の解消に努めること。

2　過大投票区（一投票区の選挙人の数がおおむね三〇〇〇人を超えるもの）にあっては、おおむね二〇〇〇人を限度として投票区の分割を行い投票区の規模の適正化を図ること。

3　その他前二項に該当しないものであっても、例えば投票所から選挙人の住所までの道程が二キロメートル以上であって、かつ一投票区の選挙人の数が二〇〇〇人を超える投票区等については、再検討を行い、投票区の増設に努めること。[6]

このような経過を経て、投票所は、わが国で選挙のたびごとに増設され、一九四六年四月総選挙当時、全国で二万一九六三か所であった投票所数は、二〇〇〇年六月総選挙の際には、五万三四三四か所を数えた。

しかし、投票所と投票率の関係で注目にあたいするのは、投票所への距離だけではない。注目すべきもう一つの点は、「選挙部長通知」の「左記事項」中の第2項および第3項でも指摘されている一投票所当たりの有権者数である。実際に、一投票所当たりの有権者数は、都道府県ごとに大きく異なる。一九九六年総選挙の場合、全国で一投票所当たりの有権者数が一番多かったのは東京都で、五二七七人、一番少なかったのは島根県で、五八二人であった。

ところで、東京都の面積二一〇二平方キロに対して、島根県の面積は、六七〇七平方キロで、東京都の三倍強であるが、林野面積と湖沼面積を除くと、東京都は一二九五平方キロ、島根県は一三七四平方キロである。この地理的条件の下で、一九九六年総選挙の際に設置された投票所は、東京都の一七九四か所に対して、島根県では一〇二八か所であった。いいかえれば、投票所への距離では、島根県の方が平均して遠いということになる。それにもかかわらず、島根県は、総選挙では、一九六九年から二〇〇〇年まで連続一一回、参院通常選挙では、一九六二年から一九九八年まで、一九九五年を除き、投票率全国第一位を記録してきた。九五年の参院通常選挙で、島根県が投票率全国第一位の座を鳥取県に譲り、〇・五ポイントほどの差で第二位になったのは、鳥取選挙区でタレント候補が立候補し、投票率を押しあげたことの結果とみられ、次の九八年参院通常選挙では、島根県は、三ポイントの差で鳥取県を抜き、再び第一位になったのである。

ここで目を向ける必要があるのが、一投票所当たりの有権者数の違いである。さきに触れたように、一九九六年総選挙の場合、一投票所当たりの有権者数についてみると、島根県は、東京都に比してほぼ九分の一であった。そして、島根県における高投票率の背景として指摘されるのが、このような一投票所当たりの有権者数の少なさと顕著な高齢化、人口移動率の低さなどとの関連にはかならない。一九九五年国勢調査の結果によると、全国一の高齢県が島根県で、六五歳以上人口は、二一・六%であり、有権者中についてみると、二九・〇%が六五歳以上であった。これに対して、高齢化の度合いが一番低い埼玉県での六五歳以上人口は、一〇・四%、有権者中では一三・六%で、島根県の比率の半分以下であった。[7]

また、この高齢化と連動するのが人口移動率であり、一九九六年についてみると、島根県の転入率、転出率は、それぞれ二・〇一%、二・一八%で、全国でもっとも低い部類に属したのである[8]。

このような事態の結果として起こるのが、島根県における有権者と投票立会人の間の面識率の高さにほかならない。そして、この条件が、有権者の投票参加に対して心理的強制力として作用することは、まず不可避のことであろう。実際に、島根県でもっとも高い投票率を記録した町村の大半は、一投票所当たりの有権者数がもっとも少ない部類に属する町村であった。一九九六年総選挙の際に島根県下で投票率がもっとも高かった一〇町村についてみると、佐田、多伎の両町を除き、一投票所当たりの有権者数は、いずれも二〇〇人を下まわっており、八八・七七%で投票率県下第五位の匹見町（有権者数一七二七人）では、一八か所に投票所が設置され、一投票所当たりの有権者数は九六人であった。結局、匹見町では、棄権者は、一投票所当たり平均して一一人であったのであり、棄権者を特定することは、投票立会人にとってけっして難しいことではなかろう。

なお、佐田、多伎の両町にしても、一投票所当たりの有権者数は、それぞれ二二九人、三三七人で、島根県全体の平均五八二人を大きく下まわっていた[9]。

たしかに、投票立会人については、有権者の政治参加の一方式として検討することも必要であろう。わが国の選挙における投票立会人については、一八八九年の衆議院議員選挙法が、「町村長ハ其ノ管理スル投票区域内ニ於ケル選挙人中ヨリ立会人二名以上五名以下ヲ定メ遅クトモ選挙ノ期日ヨリ三日以前ニ之ヲ本人ニ通知シ選挙ノ当日投票所ニ参会セシムヘシ」と定め、その後若干の変遷を経て、一九五〇年の公職選挙法が、投票立会人の数を「三人以上五人以下」と規定し、さらに一九九七年の公職選挙法改正によって、投票立会人の数が「二人以上五人以下」に改められた。これによって、一九九八年の参院通常選挙に際して投票立会人をつとめた有権者は、一投票所平均二・五人で、全国で一三万五〇七九人を数えた[10]。

投票立会人の役割が、基本的には、投票が公正に行われるように投票所で監視するところにあることは、いうまでもない[11]が、投票立会人としての政治参加はまた、有権者がデモクラシーの運営について学習する機会としての意味をもっているのである。しかし、同時に見逃されてならないのは、一投票所当たりの有権者数が少ない農村的地域において、投票立会人が投票参加への「圧力」として作用する可能性である。

注

1 John Stuart Mill, *Considerations on Representative Government*, Forum Books ed., 1958 (originally published, 1861), p.165.
2 高田早苗『通信教授政治学』通信講学会、一八九一年、二八二ページ。
3 『東京朝日新聞』一九三〇年一月二六日。
4 同右。

5　東京市統計課編『昭和四年三月東京市会議員総選挙投票棄権者ニ関スル調査』一九三一年、一八～一九、一八一～一八二ページ。
6　『選挙時報』第四四巻第七号、一九九五年、三九～四〇ページ。
7　内田満・岩渕勝好『エイジングの政治学』早稲田大学出版部、一九九九年、二三～二五ページ。
8　同右書、三五ページ。
9　同右書、三六～三七ページ。
10　自治省選挙部編『平成一〇年七月一二日執行参議院議員通常選挙結果調』一九九九年、二七ページ。
11　「国会議員の選挙等の執行経費の基準に関する法律」は、投票立会人に対して費用弁償として現在一日につき一万五〇〇〇円を支払うと定めているが、実際には、自治体がこれに上のせして一万三〇〇〇円程度の費用弁償が行われていることが多い。

5　制度と人間とデモクラシー

これまで、選挙の頻度、投票日の日取り、投票所の設置等の角度から、選挙制度の運用の現状と問題点について検討してきた。選挙制度の運用について検討すべき点は、もちろんこれらがすべてではない。むしろ、検討すべき点は、現在山積しているというべきであろう。基本的な検討課題としては、小選挙区制や比例代表制の運用の現状と問題点があげられるし、また戸別訪問や連呼といった選挙運動のあり方をめぐる問題も緊急の検討を必要としていることは、疑いない。

社会的・政治的条件の変化に伴って、既存の制度にタイム・ラグが生じてくるのは、不可避のことであろう。また、制度の設計が不適切な前提に立ってなされる場合も、けっしてまれではない。要するに、問題は、制度改革に当たって、一方で、社会的・政治的変化の性質や制度の設計の前提となるべきデモクラシーのあり方についての十分な検討がないがしろにされ、他方で、制度の運用の実際についての多角的な分析がとかく欠如していることである。その意味で、ブライスが八〇年前に指摘した問題状況は、依然として「現在性」を失ってはいない。

しかし、「改革」が、あらゆる点でプラスの価値をもつわけではない。「改革」を検討する場合に、同時に注意を向ける必要があるのは、制度の「連続性」の価値である。この関連で、アメリカの政治学者ジョーゼフ・A・パイカらが、アメリカの大統領選挙制度についてのさまざまな改革案を吟味したあとで、「過去との連続性(continuity with the past)」の意義についてつぎのように論じているところに、耳を貸すべきであろう。

「われわれは、意識的にこの問題についてきわめて保守的な立場をとってきた。変化が避けられなければならないというのではない。そうではなくて、われわれの主張は、意図されたものとそうでないものとを含めて、予想される影響について慎重かつ徹底的な評価を行ったのちにはじめて変化が導入されるべきだということである。アメリカの大統領選出システムは、いちじるしく複雑であるが、長い間にわたってアメリカ社会において新しい勢力に驚くほど反応的であることを示してきたのである。調整は、定期的になされてきたし、大半は、よい変化を導いてきた。われわれは、今後も反応性がアメリカのシステムの重要な特徴であり続けると確信している。しかし、連続性は、変化と同じ程度に価値のある長所なのである。[1]」

いずれにせよ、結局のところ、選挙制度の成功の第一のカギは、デモクラシーの発展へ向けて制度を育てる有権者と政治家の意志と努力であろう。制度をどんなに改革しても、有権者や政治家の間で制度の意図をくじく方向で制度を運用しようとする動きが強まってしまえば、改革は形骸化するほかない。その意味で、J・S・ミルが、『代議政治論』の中で「政治制度は、一度植えると人間が寝ている間にたえず生長し続ける樹木とは違う[2]」と論じているのは、まさに頂門の一針であろう。

また、1章で引用した一節に続けて、W・リップマンが、こう論じているのも、ミルと同様の見地に立つものにちがいない。

「機械は、人間の役に立たせるために、人間によって運転されなければならない。制度にもっぱら関心を集中させると、制度を操作する人間や制度の運転が目的としている人間にあまりにわずかな関心しか払わなくなってしまう。[3]」

注

1 Joseph A. Pika, Zelma Mosley and Richard A. Watson, *The Presidential Contest*, 4th ed., 1992, p.168.

2 J. S. Mill, *op.cit.*, p.5.

3 W. Lippmann, *op.cit.*, p.295.

3章　名句に学ぶ政治学

1　政治を見る眼をリフレッシュする

政治やデモクラシーについての見方や考え方の中には、さまざまな誤解や見当違いがあり、また時代の変化の中で陳腐化したものが多くありますが、そのようなまちがった見方、時代とずれた考え方が、いわば通説であり、確立した定説であるかのように受け取られ、何の疑問もなしに使われている場合が少なくありません。今日（二〇〇四年四月二五日）は、このような通説、定説を俎上にのせて再検討し、政治、デモクラシーを見る眼をリフレッシュしたいと思います。

ところで、最上の助言者は死者であると説いたのは、今から四〇〇年前のイギリスの思想家フランシス・ベーコン（一五六一～一六二六）ですが、ここでベーコンが死者といっているのは、先人たちの残した本のことです。そしてベーコンは、さらにこう続けています。「助言者が口ごもるとき、書物は、率直に語ってくれる。したがって、書物、とりわけ自分自身が舞台の上で活躍したような人の書物に親しむことは、有益である。」そして、これらの書物の中での先人たちの知恵英知の結晶が、名句、警句、箴言《しんげん》などとして伝えられてきたものにほかなりません。「政治は可能事の芸術、次善の芸術である」「経世家は民衆を教へ、政略家は民衆に媚ぶ」「学者とともに考え、俗人とともに談ずべし」「権力の座にいる人には、本を読む時間がない。しかし、本を読まない人は、権力の座に適さない」といった政治上の名句は、いまもみずみずしく、われわれの政治の見方、考え方に対する示唆に富んでいます。

今日は、こういった古今の先人たちの知恵の結晶である名句、警句、箴言を手がかりに、従来の通説・定説の現在での妥当性を点検し、デモクラシーのあり方を再考し、政治を見る眼をリフレッシュしたいと思います。

2 ダールの問題提起との関連

さて、のっけから外国人の名前を出して恐縮ですが、二〇世紀のアメリカを代表する政治学者の一人にロバート・ダールという政治学者がいます。このダールが、最近、このような政治上の通説、定説の問題点に人々の注意を喚起する本を出しました。二年前の二〇〇二年に出た『アメリカ憲法の民主度を問う』という本で、現在の社会の条件に照らして、アメリカ憲法の問題点の検討を主題としたもので、なかなか刺激的な興味津々の本です。ダールは、現在イェール大学の名誉教授で、一九一五年生まれですから、今年八九歳になるわけですが、八七歳のときに出したこの本は、ダールの知的活動がますます旺盛で、衰えを知らないことをうかがわせます。ダールが、この本で人々の注意を喚起しているのは、アメリカ憲法の時代とのずれ、タイム・ラグの問題です。たとえば、ダールが指摘している一つの点は、アメリカ憲法が女性大統領の登場を予想していなかったという問題です。

今年のアメリカの大統領選挙では、女性大統領が登場することは、まずないといっていいのでしょうが、四年後の二〇〇八年の大統領選挙では、クリントン前大統領の奥さんで、現在ニューヨーク州選出の上院議員をしているヒラリー・クリントンが、候補者に名乗りをあげる可能性が高いとみられています。ところが、アメリカ憲法での大統領についての規定は、直訳しますと、こうなっています。「執行権は、アメリカ合衆国大統領に与えられるものとする。かれは、四年の任期の間かれの職を保持するものとする」（第二条第一節）。つまり、アメリカ憲法は、大統領は男性という前提、おそらく無意識の前提で書かれているのです。

このダールの指摘に促されて、英文の日本国憲法をみますと、事態は同様です。たとえば、第一条や第四条での天皇に関する規定の場合ですが、直訳しますと、第一条は、「天皇は、国家の象徴であり、また国民の統一の象徴であって、かれの地位は、主権の存する国民の意志に基づくものとする」、また第四条は、「天皇は、国家の問題に関して本憲法に規定されている行為のみを行うものとし、かれは、政治運営に関連する権能を有さないものとする」となります。

しかし、日本語には英語のような文法上のジェンダーはありませんので、日本語の正文の日本国憲法では、天皇について男女の限定はありません。その限りにおいて、日本国憲法は、ダールが指摘するような問題状況を免れているわけです。天皇を男子に限っているのは、日本国憲法と同時に施行された皇室典範であることは、いうまでもありません。皇室典範第一条は、こう規定しています。「皇位は、皇統に属する男系の男子が、これを継承する。」

ダールが提起するような視点、つまり日本国憲法の民主度といった視点との関連で問題になる一つは、「公務員を選定し、及びこれを罷免することは、国民固有の権利である」「すべて公務員は、全体の奉仕者であって、一部の奉仕者ではない」と規定している第一五条です。実際に、この第一五条は、日本国憲法がかかえる問題状況をもっとも典型的に示しているといっていいでしょう。一つは、誤訳から起こった問題です。この第一五条で「公務員」となっているのは、英文憲法では、パブリック・オフィシァルズです。これは、公務員ではなくて公職者です。公選の公職者ですから、国民が選挙で選び、またリコールすることもできるのです。日本の憲法の下敷きになったのは、アメリカの州憲法だといわれていますが、アメリカの州では、州によって多少の違いはありますが、公選の公職者には、州知事のほかに、副知事、法務長官、財務長官、州務長官、会計検査官、教育長などがあり、これらの公職者を選定し、罷免するのは、州の有権者の権利となっています。

ところが、日本国憲法では、この公職者を公務員と訳してしまいましたから混乱が起こりました。日本で公務員といえば、普通、国家公務員と地方公務員を指します。しかし、憲法では、公務員は、これらの国と地方の公務員に国会議員と地方議会議員を含めると解釈されています。

ところが、驚いたことに、日本国憲法の解説書は、この公務員の解釈について一致がなく、てんでんばらばらです。たとえば、日本国憲法の制定時に貴族院議員としてかかわり、第二次世界大戦後の日本の憲法学界の大御所的存在であった東京大学教授の宮沢俊義（一八九九―一九七六）の『日本国憲法』（日本評論社）は、もっとも権威のある憲法解説書として広く読まれた本でしたが、そこでは、公務員について「広義で国または公共団体の公務に参与することを職務とする者の総称である。国家公務員法および地方公務員法にいう一般職および特別職の国家公務員および地方公務員はもちろん、三公社や日本銀行の職員など準公務員といわれる者や、さらに、国会議員・地方議会議員をも含むと解すべきであろう」と説明しています。国会議員が、日本銀行の行員より後に付け足しのように公務員の中に含められているのには、なんとも奇異な感じが否めません。

この宮沢の後任として、東京大学で憲法を担当したのが芦部信喜（一九二三―九九）でしたが、公務員試験の受験者などの基本的参考書と目されている芦部の『憲法』（岩波書店）では、公務員は、「広く立法・行政・司法に関する国および地方公共団体の事務を担当する職員」を意味するとされています。この考え方では、国会議員や地方議会議員は、公務員の中に含まれないことになるでしょう。議員は、事務を担当する職員ではないからです。

日本国憲法第一五条についての解釈で私がさらに驚かされたのは、二〇〇二年末に、『世界がもし一〇〇人の村だったら』の著書として知られる池田香代子が、英文憲法からの新訳として出した『やさしいことばで日本国憲法』という本で示している訳です。池田は、第一五条をこう訳しています。「自治体の議員や長などをえらんだり、やめさせたりするのは、人びとの権利です。これらの公務員はすべて、共同体全体の奉仕者であって、一部の人びとの奉仕者ではありません。」この池田訳ですと、第一五条は、地方自治体の議員や首長に関する規定になってしまい、国会議員や国家公務員は、対象外になってしまいます。しかし、この池田訳が、まったく見当違いというわけではありません。先程も申しあげましたように、日本国憲法の下敷きになったとみられるのは、アメリカの州憲法ですから、第一五条は、英語の文言からみても、地方自治体の公職者についてよくあてはまる規定であるからです。問題は、池田訳では、日本国憲法の規定から、国レベルの公職者関連の規定がなくなってしまうことです。

ところで、今日の眼からみてわれわれをいっそう困惑させる第一五条の問題は、「全体の奉仕者」という苦しまぎれの訳になっている「サーバンツ・オブ・ザ・ホール・コミュニティ」をめぐるものです。英語の原文をそのまま訳せば、こうなります。「すべての公職者は、町全体の召使いであって、町の一部のグループの召使いではない。」いずれにしても、原文にサーバントとあるために、公務員は、パブリック・サーバント「公僕」といいならわされるようになりました。しかし、これは時代錯誤のいい方です。「僕」は召使い、しもべ、下僕の意味ですから、「公僕」は、公共の召使い、国民の召使いということになるでしょう。国立大学の教職員は、いままで国家公務員でしたから、「公僕」と呼ばれるべきであったとしますと、私立大学で同じような職務を担当している教職員は、「私僕」ということになるのでしょうか。そして、この四月から独立行政法人になった国立大学の教職員は、国家公務員の身分を離れ、「教官」は、「教員」になりました。これまでの国立大学の教員は、「下僕」の地位から解放されたということになるのでしょうか。

とにかく、「僕」というのは、封建時代の用語であって、民主政治の下での用語としては適切性を欠くというべきでしょう。民主政治の下での国民と公務員との関係は、主人と召使いといった上下関係ではありません。公務員は、公共事務担当者として、国や自治体の運営上の役割を担うのであり、国民の召使いではありません。

「公僕」という用語には、もう一つの問題があります。「僕」は、男の召使の意味ですから、公僕は、男性の公務員だけを指すことになるでしょう。女性の公務員は含まれません。僕に対応する女性の召使は婢ですから、現在国家公務員のおよそ二割を占める女性公務員は、公婢と呼ぶべきなのでしょうか。女性公務員はいうまでもなく、国民の中にこんな呼称をよしとする人は、まずいないでしょう。「公僕」という言葉もやめるべきだと私は考えています。

3　ゲティズバーグ演説とデモクラシー

ところで、デモクラシーとは何かを考えるときに、まずきまって持ち出されるのが、「人民の、人民による、人民のための政治」と訳されてきたリンカーンの名句です。リンカーンが、この名句を結びとしたゲティズバーグ演説を行ったのは、一八六三年一一月一九日のことでしたが、それから一四〇年余りを経た今日なお、この名句がみずみずしさを失っていないのは、驚くべきことです。しかも、この演説は、わずか二七〇語余りの三分間演説でした。また、大統領の演説といいますと、アメリカ人は、すぐにこのリンカーンの演説とともに、ルーズベルトやケネディの演説を思い浮かべます。これに対して、日本では、総理大臣の演説といっても、たいていの人には思い浮かぶものが一つもないのではないでしょうか。残念なことです。

ところで、ここでの問題は、リンカーンの名句の訳し方であります。つまり、リンカーンの名句の誤訳によって、わが国でデモクラシーについての適切な理解が妨げられてきたということです。

「人民の、人民による、人民のための政治」という訳は、なかなか語呂もよく、教科書などでも一般に流通していることは、ことわるまでもありません。この訳を誰が最初にしたのかは、わかりません。吉野作造（一八七八―一九三三）は、大正七（一九一八）年の『中央公論』一月号に発表した「民本主義の意義を説いて再び憲政有終の美を済すの途を論ず」と題する論文の中で、「デモクラシーの定義としてよく引かるゝリンコルンの言葉、即ち『人民の、人民によって、人民の為の政治』」として、リンカーンの名句に言及していますが、この吉野の日本訳は、まだこなれていません。一八七八（明治一一）年生まれの吉野は、この時まだ三〇歳であったのです。

ところで、この日本訳に問題があるということに私が気づかされましたのは、今からもう五六年前になりますが、昭和二三（一九四八）年に『英語青年』という雑誌で展開されていたこの日本訳の是非をめぐる論争でした。当時、私は、早稲田の旧制の高等学院、第一早稲田高等学院の学生で、一年生から二年生にかけての時期でしたが、この雑誌の愛読者として、当時英語学の第一人者と目されていた東大教授の市河三喜（一八八六―一九七〇）を主論客の一人として、一月号、三月号、四月号と連続して誌上でくり広げられた論争に目を引きつけられたものです。とにかく、この論争では、「人民の、人民による、人民のための政治」という訳が問題となっていたわけですから、この訳は、吉野作造の時代からの三〇年の間に定着するようになり、一般に用いられるようになったものと思われます。

ところで、『英語青年』誌上での論争のポイントは、「人民の（of the people）」という部分で、ここの of の解釈をめぐってでした。of には、いろいろな用法がありますが、ここでの論争点は、of が所有格関係か目的格関係かということでした。定訳では、「人民の」と所有格で訳されてきたのですが、市河三喜は、ここでの of は目的格で、「人民を」と訳すべきだと論じたのです。しかし、論争は決着がつかず、結局、市河は、「まあここらで負けておく方が、学者らしくはないかも知れないが、利口ではあるように思う」といった妙な投げやりなせりふを残して、論争に幕を下ろしてしまいました。

当時一八歳だった私は、大先生もあてにならないものだという思いとともに、通説にも問題なしとしないのだということを思い知りました。『英語青年』誌上で論争が行われていたころ、市河三喜と同時代に東大教授で英文学者であり、後に辛口の評論家として活躍したのが、中野好夫ですが、中野は、明確に目的格関係説に立ち、『人民の』の「of」は、目的格関係を表す of で、「人民を治める」の意味なのに、「人民政府」とまちがって解釈している」と論じて、定訳をきびしく批判しましたが、その後この問題は、of を目的格関係で「人民を」と解するのが正しいということに落ち着いたようにみえます。市河三喜の後継者の英語学者であった中島文雄（一九〇四〜）は、岩波新書で一九八〇年に出した『英語の構造』の中で、「of the people は目的語属格であって所有属格ではない。民主主義においては統治の主体も人民なら、統治の客体も人民なのである」と説明しています。

要するに、この解釈に立ちますと、デモクラシーでは、治めるのも治められるのも人民だということになりますが、この解釈でリンカーンの名句を訳し直しますと、「人民を、人民が、人民のために治める（仕切る）政治」ということになります。

そして、この解釈は、リンカーンと同時代の政治思想家たちの用法と一致します。たとえば、J・S・ミルの場合です。ミルがゲティズバーグ演説の二年前、一八六一年に出したのが『代議政治論』という著作ですが、ミルは、この著作で「唯一の正しいタイプのデモクラシーは、万人を万人が治める政治」であると説いています。詩人の長田弘が、「詩人が贈る絵本」の一冊として二年前に出した『リンカーン・ゲティズバーグ演説』（みすず書房）は、こういう解釈にそって、ゲティズバーグ演説の結びの部分をこう訳し出しています。

「造物主のもとで、この国が、市民の自由の新しい誕生を、手にできるように。――そうして、人びとを、人びとが、人びとのために、自ら律する国のあり方を、この地上から消滅させないために。」

要するに、リンカーンが説いたデモクラシーの要諦は、自分たちを自分たちで治める、自治（セルフ・ガバメント）であったのです。そして、ジェームズ・ブライスは、このようなリンカーンやJ・S・ミルの考え方をふまえて、一九二一年に出した『現代民主諸国』において、「デモクラシーは、その基礎として地方自治を必要とする。地方自治は、市民たちが独り立ちで行動する習慣を身につけ、何が国家に対する市民の義務であるかを学び、さらにその義務をどのように果たすのかを学ぶ学校であり、「地方自治の実践は、デモクラシーの最上の学校である」と論じたのでした。

4　政治は「妥協の芸術」「可能事の芸術」

ところで、デモクラシーが、基本的に自治の政治であるとしますと、ここで問題になるのが、この政治での決定の仕方であります。人間は、天使と野獣の間の存在といわれます。アリストテレスは、「共同することの出来ない者か、あるいは自足しているので共同することを必要としない者は、決して国（政治的共同体）の部分（構成員）ではない。従って野獣であるか、さもなければ神である」と論じました。また、アメリカの建国期のリーダーの一人で、第四代大統領（一八〇九～一七）をつとめたジェームズ・マディソンは、「もし、人間が天使であれば、政府は必要がなくなろう」と説きました。要するに、人間は天使でもなければ、野獣でもないので、人間にはつねに政府が必要だということであります。このゆえに、アリストテレスは、「人間は、その本性からして、政治的動物である」と説いたのです。

人間は、結婚直前の男女のように無限に天使に近づくことはあっても、結局天使にはなりきれません。いさかいや意見の相違は、人間につきものです。詩人の吉野弘が、結婚式での若いカップルに寄せる「祝婚歌」の中で、「二人が睦まじくいるためには愚かでいるほうがいい　立派すぎないほうがいい　立派すぎることは　長持ちしないことだと気付いているほうがいい……互いに非難することがあっても　非難できる資格が自分にあったかどうか　あとで　疑わしくなるほうがいい　正しいことを言うときは　少しひかえめにするほうがいい」（吉野弘『二人が睦まじくいるためには』童話屋、二〇〇三年）と諭《さと》したゆえんです。

とにかく、最近の日本では、毎年三〇万組くらい（二〇〇三年は二八万六〇〇〇組）が離婚しているという事実が、人間同士の日常のかっとうの断面図を示しているといっていいでしょう。いずれにしても、結婚生活の場合は、離婚によって夫婦の間の日々のいさかいから逃れることができますが、政治の場ではそうはいきません。現代人には、ゆりかごから墓場まで政治がついてまわります。われわれは、現在、政治とまったく切り離されて生きていくことはできません。

ここで問題になるのが、お互いの意見の違いや利害の対立にどう対処すべきかということです。ダメなものはダメというせりふがもてはやされています。しかし、人間相互の間の意見の対立に当たってのこのような態度は、宗教家や市民運動家、がんこ親父や独裁者にとっては、ふさわしいものであっても、民主政治の下での政治家のあり方としては、適切性を欠くというべきでしょう。宗教家としてのマルティン・ルターが、「われここに立つ。われこれ以外たる能わず」と宣言するのは当然です。また、個人が自らを律するモットーとして、ダメなものはダメと自らにいい聞かせるのは、尊敬に値する生き方です。江戸末期の儒学者・佐藤一斎は、『言志録』という「随想録」の中で、人間の生き方として「春風を以て人に接し、秋霜を以て自ら粛《つつし》む」ことを説きました。春の風のおだやかさで人に対し、秋の霜のきびしさで自らを律せよということです。

たしかに、ダメなものはダメという態度で押し通すというのも、意見の違いや利害の対立への対し方の一つです。しかし、民主政治のリーダーが、ダメなものはダメを行動の指針にして、意見を異にする者に対して頑として譲らないということになったら、対外的には戦争、国内的には喧嘩的な対立抗争が絶え間なく起こることになってしまいます。アメリカの建国期のリーダーにアレグザンダー・ハミルトンとアーロン・バーという政治家がいました。ハミルトンは、初代大統領ワシントンの下で財務長官をつとめました。アメリカの初代財務長官であったわけです。これに対して、アーロン・バーは、第三代大統領ジェファソンの下で副大統領をつとめました。こんなわけで、二人は、当時の指導的政治家でありましたが、政治的意見を異にして、ことあるごとに争い、ダメなものはダメとして互いにひきませんでした。そして、とうとう決闘によって決着をつけることになりました。ちょうど二〇〇年前の一八〇四年七月一一日のことです。そして、ハミルトンは、この決闘でアーロン・バーの銃弾に倒れ、四九歳で生涯を終えました。決闘の勝利者になったアーロン・バーは、現職の副大統領でした。

意見の相違や利害の対立についての民主政治に見合った対処の手法は、相互の歩み寄り、つまり妥協です。ハミルトンとアーロン・バーは、それぞれ一七五五年、一七五六年生まれでしたが、この二人より二五歳ほど年長であったのが、一八世紀イギリスを代表する思想家で、政治家としても活躍したエドマンド・バークです。そして、バークは、政治における妥協の重要性について論じ、「どんな政府であれ、政府はすべて妥協と交換に基礎をおいている」と説きました。また、バークの時代から二〇〇年を経て、アメリカの著名な政治学者アール・レイサムは、同じような立場に立って、「政治家は、寛容と妥協の原理に仕えるのであり、この原理なしには、民主政治の過程はまったく機能しないであろう」と論じました。

『朝日新聞』と提携して日本で出ている英字新聞に『インタナショナル・ヘラルド・トリビューン』という新聞があります。この新聞の売り物の一つが、「アニーズ・メイルボックス（アニーの郵便受け）」という人生相談欄ですが、先日、「夫とテレビで政治ニュースをみていると、いつも言い争いになってしまいます。どうしたらいいでしょうか」という読者からの相談が寄せられていました。解答はこうでした。

「多くの夫婦が、政治の話をすると、喧嘩になってしまいます。もし、結婚生活が他の点ではうまくいっているのでしたら、政治の話題を避けるのがいいでしょう。あなたは、平和を保つために夫の意見に同調する必要はありません。はっきりと議論を断りなさい。夫に好きなだけ話させなさい。あなたは、ただ優しく微笑みなさい。もし、夫が無理に意見を押しつけてきたら、こうお答えなさい。私たちの意見が同じでないことは、あなたもご存知でしょう。でも、私は争いたくはありません。ここはアメリカです。私たちは、それぞれ自分の意見を持つ権利があります。ですから、私はあなたの意見を尊重します。」

要するに、民主政治と同じように、結婚もまた妥協（マリッジ・イズ・コンプロマイズ）ということです。しかし、妥協というと、一般にはどうもイメージがよくありません。妥協よりも、「千万人といえども吾往かん」といった生き方の方が、颯爽としていますし、大方の喝采を博するでしょう。それでもなお、民主政治は、妥協抜きでは、立ち往生してしまいます。このような観点から、民主政治にとっての妥協の意義について人々の注意を喚起したのが、二〇世紀初頭期のアメリカを代表する政治学者で、一九〇九年から三三年まで二四年間にわたってハーバード大学総長をつとめたローレンス・ローウェルでした。ローウェルは、多くの人が抱いている妥協についての芳しからざるイメージに目を向けながら、民主政治における妥協の意義について、こう説いています。

「妥協は、一般の人のイメージでは、悪いことを意味する。しかし、妥協は、健全で長続きする立法の活力源である。というのは、妥協こそは、それを通じて世論の重心が見い出される手段、世論の重心がどこにあるかが明らかにされる手立てであるからである。」

また、議会政治の実際に照らしてみれば、妥協こそが議会政治の要であることは、疑うべくもないでしょう。一九〇六年から一九四八年まで四二年間にわたってイギリス下院事務局に在職し、一九三七年から一九四八年までの一一年間には下院事務総長をつとめ、イギリス議会の生き字引的存在であったキャンピオン卿は、一九五二年に書いた文章の中で、自らの議会の中での直接的観察をふまえて、こう述べています。

「議会での討論の基礎にあるのは、意見の対立する者同士の間での議論の交換が、釣り合いの感覚や穏健な考え方を是とする妥協の快い受け入れを促進するようにもくろまれているという確信である。」

いずれにせよ、妥協がとかくマイナス・イメージで受けとられているのは、いわゆるタシテ２で割る式の無原則的妥協を思い浮かべてしまうからでしょう。しかし、民主政治の手法として望まれるべき妥協は、与えられた条件の中で自分の信念、理想に出来る限り近づける努力を重ねた上でのギリギリの妥協です。そのような意味で、「政治は妥協の芸術」といわれるのです。そして、一九世紀後半期のドイツの政治家ビスマルクは、ほぼ同様の見地に立って、「政治は、可能事の芸術である」という名句を残しました。明治維新の前年の一八六七年のことです。一般には、可能事ではなくて、可能性と訳されていますが、英語ではPolitics is the art of the possible.で、possibilityではありません。要するに、ビスマルクは、政治は、問題の解決策の中で可能なものを追求し、その中で自分の信念、自分が掲げる理想にもっとも近いものを選び出す作業であり、それはまさに、芸術家の営みであると説いたのです。責任政治家であれば、現実上可能でないものを解決策とすることは、できません。そこで、ビスマルクは、政治は現実の条件の下で達成可能な最善の解決策を求める芸術であり、「次善のものを求める芸術」「ネクスト・ベストを求める芸術」といいかえているのです。その意味で、民主政治は、一〇〇点満点で決着をつける政治ではなくて、七五点でよしとしなければならない政治です。

そして、アメリカの政治学者ロバート・E・メリアム（一九一八〜八八）が、一九五七年に著した『市民のための政治参加入門』という本の中で、このようなビスマルク的な政治の見方について、「政治は芸術、可能事の芸術である。政治が芸術であるのは、その成功や失敗が、さまざまな限界の枠組みの中で作動する微妙な動的な調整に依存しているからである」と解説しているのは、的を射ているといっていいでしょう。

5 可能事の芸術家の条件

さて、エドマンド・バークの名句で示されているように、「政府はすべて、妥協と交換に基礎をおいている」ものであり、そこでの政治は、ビスマルクの名句が説いているように、「可能事の芸術」「次善の芸術」であるとしますと、政治家に求められるのは、まさに「妥協の芸術家」「可能事の芸術家」としての条件を備えることということになるでしょう。イギリスの政治家で、また政治学者でもあったジェームズ・ブライスは、先程も触れましたように、わが国では岩波文庫で翻訳がでている『現代民主諸国』（一九二一年、岩波文庫訳のタイトルは『近代民主政治』）の著者として知られ、またこの本の中で「民主政治の最良の学校は、地方自治の実践である」という名句を残したことでとりわけ有名ですが、このブライスが、『現代民主諸国』より三〇年余り前に出した『アメリカ共和国』（一八八八年）という本の中で、民主国におけるリーダーについて論じ、次のように述べているのは、民主政治における政治家の役割の重要さからして、もっともなことというべきでしょう。

「民主国は、おそらくほかのどの形態の政治よりも、国民を指導し、鼓舞すべき卓越した人物を必要とする。」

たしかに、民主政治において「妥協の芸術家」「可能事の芸術家」としての役割を適切に演じることができるのは、すぐれた識見、判断力、そして民主政治の発展へ向けての熱情を兼ね備えた卓越した人物であることは、疑うべくもありません。自分の留学先の大学を自分が卒業したのかどうかわからず、国会議員の肩書きで、その大学に自分が卒業しているのかどうかを聞きに行くといった無知の上に無恥を重ねたような人物に、民主政治の下で政治家の役割がつとまるはずがありません。

アメリカは、日本よりもいっそう顕著な学歴社会であり、成績社会です。ですから、学期末試験でBやCの成績をもらったらたいへんです。納得がいかなければ、学生は教員のところへ抗議に来ます。教員は、あらかじめきちんと採点基準を示しておいた上で、さらに答案について具体的にどこがまちがっているのか、どこが不十分なのかを説明しなければなりません。成績にCなどがついてしまったら、その学生は、もう一流の大学院への進学はできなくなってしまいます。

私は、一九六八年から一九六九年にかけては、アメリカのオハイオ州のウースター大学とインディアナ州のアーラム大学で、また一九七七年にはロサンゼルスのカリフォルニア大学（UCLA）で講義をしましたが、試験での答案には、かならずコメントを付し、どこがよくて、どこが不十分かを指摘しました。それでも、何人かの学生がかならずプロテストにやってきました。アメリカの大学では、こういった学生への対応が、教員にとっての大仕事であるわけです。

また、アメリカでは、毎年大学のランキング——総合的なランキングと、各専門領域別のランキングが発表されます。学生は、学部を卒業してからランキングのより高い大学の大学院への進学を目指します。いい大学院を出れば、将来への展望が大きく開かれるからです。アメリカが実力主義で学歴社会でないといったことがいわれますが、それは正確ではありません。実力でいい大学院へ入るのです。一般には、いい大学を出ているほど高い社会的尊敬がえられますし、社会的尊敬がえられる可能性が高くなります。二〇〇四年の大統領選挙は、ブッシュとケリーの争いになるようですが、二人とも東部の名門大学イェール大学の出身ですし、九人いる連邦最高裁判事の出身大学は、ハーバード四人、スタンフォード二人、イェール、シカゴ、コロンビアがそれぞれ一人ずつです。

ロサンゼルス地域で一番いい大学は、州立のUCLAと私立のオクシデンタル・カレッジで、次がカリフォルニア州立大学ロサンゼルスと私立の南カリフォルニア大学などです。ペパーダイン大学は、ずっと下位の大学ですが、正規学生数一〇〇〇人くらいの小規模大学ですから、みんなが顔見知りになれる規模といっていいかと思います。例の恥さらしの国会議員は、親しかった友人や先生が一人もいないような様子で、なんとも不思議です。また、アメリカのカレッジの卒業式は、両親も参加して、お祭りのようで、卒業生が学長から一人一人卒業証書（ディプロマ）を受けとります。自分が卒業したかどうかわからないなどというのは、ちょっと考えられません。しかし、総選挙の直後に民主党の機関紙上で、菅代表と新人議員四人で行った座談会に出席したこの議員の紹介には、はっきりとペパーダイン大学卒業と書いてあります。なんとも困った話です。

いずれにしても、まちがって当選してしまったような、こんな議員のたぐいは、政治家の名に値しません。まして、「可能事の芸術家」などというわけにはまいりません。また、「妥協の芸術家」としての政治家からはみ出してしまうのが、揚げ足とりを事とし、人の足をひっぱる活動に終始している政治屋です。こういったエセ政治家がはびこってしまったら、政治は空転し、国という船は暗礁に乗りあげてしまうでしょう。

ここで議論の対象とするのは、国の舵取りにかかわる政治家です。尾崎行雄は、二〇〇四年で没後五〇年ですが、一九二六（大正一五）年に著した『普選読本』の中で、経世家と政略家を区別しました。尾崎は、「経世家は民衆を教へ、政略家は民衆に媚ぶ」と論じています。ここで尾崎が意味しているのは、経世家は、真正面から国の舵取りに当たる大政治家であり、政略家は、裏取り引きを事とし、民衆のご機嫌をうかがい、民衆の御用聞き役を演じる小政治家です。

第二次世界大戦後のイギリス労働党の指導者で、一九四五年から七四年まで下院議員として活躍し、ウィルソン労働党内閣で住宅および地方政府担当相などをつとめたリチャード・クロスマン（一九〇七—七四）は、尾崎行雄の著作刊行の三〇年あとの一九五七年に書いた文章の中で、尾崎とほぼ同じような見方に立って、大政治家と並《なみ》の政治家を区別しました。クロスマンは、こう述べたのです。

「大政治家は、自分の意見や考え方をその環境に刻印するのに対して、並の政治家は、自分自身を環境に合わせる。」

尾崎行雄やクロスマンが説くような大政治家こそが、「可能事の芸術家」としての政治家の望ましい姿でしょう。そして、このような政治家にとって必要なのは、自分の考え方について有権者の理解を求めることです。高田早苗は、このような観点から有権者へ向けてのコミュニケーションのあり方について、名句を残しています。「学者とともに考え、俗人とともに談ずべし」というものです。高田は、その意味について「思想は深遠なるべく、談話は平易なるべしと云ふ意なり」と付言していますが、要するに、「深い学識をふまえて、平たい言葉で大衆に語れ」ということです。

ところで、こういったたぐいのコミュニケーションにとって欠かせないのは、いうまでもなく読書です。この点について、一九八〇年から一九八三年にかけてイギリス労働党の党首であったマイケル・フットは、傾聴に値する名句を残しています。

「権力の座にいる人には、本を読む時間がない。しかし、本を読まない人は、権力の座に適さない。」

また、政治家は、コミュニケーション活動において、自分の考え方が的確に伝わるように十分な準備をもって臨むべきでしょう。官僚が準備した文章を棒読みするといったことは、論外です。この点に関連して、一九六四から一九七〇年までと、一九七四年から一九七六年までの間の通算八年間にわたってイギリス労働党内閣の首相をつとめたハロルド・ウィルソンが、首相を辞した直後の一九七六年に著した『イギリス政治論』の中で、議会での党首討論について触れ、次のように述べているところに耳を貸すべきでしょう。

「どの首相もみな、夜おそくまで答弁について準備する。もしイギリスにクエスチョン・タイムを恐れない首相がでてくるようなことになれば、イギリスの議会制デモクラシーは、危機に瀕することになろう。」

結局、どんなにいい制度でも、それを使う人がそれを適切に使う能力と意志を欠いていては、制度は、形骸化するだけでしょう。イギリスの制度をモデルにしてわが国の国会に導入された党首討論が、ほとんど機能不全に陥っているのは、小泉首相や菅代表が、お互いの議論の揚げ足とりに終始し、議論をまともにかみ合わせず、四つに組んだ議論を戦わせる準備と能力と意志を欠いているからにほかなりません。残念なことです。

なお、ウィルソンは、この本の中で指導者の条件について、自らの経験をふまえて興味深い名句を残しています。その一つが、「首相の成功の主要な条件は、熟眠と歴史のセンスである」というものです。ウィルソンは、熟眠の重要性についてこう付言しています。

「私の考えでは、首相がもちうる最大の強みは、眠れる能力――夜のよい眠り――できれば八時間の眠りです。眠れなければなりません。」

そして、ウィルソンは、首相にとっての歴史のセンスの意義については、こう敷衍しています。

「歴史についての、伝統についての、またこれまで首相をつとめた人々についてのセンスがなければ、現在の問題について十分に取り組むことはできないと思います。」

ここで、ウィルソンが、さらにこう続けているところに、日本の首相も目を向けるべきでしょう。

「歴史のセンスを欠いては、首相は、目を覆われているも同然である。」

もっとも、このような考え方は、ウィルソンがはじめて提起したわけではありません。たとえば、先程も名前を出しました高田早苗は、ウィルソンの名言より六〇年近く前の一九一九（大正八）年四月に早稲田大学の学生に対して行った講演で、「一般国民を率いる人間」の条件として、「先づ第一に多少の哲学思想を有ち、第二に広く世界の歴史に通じ、第三に文学趣味を有し、而して夫れから演繹され帰納されたる政治学に付いて健全な該博なる知識を有って居る」ことを挙げていたのです。

現在、わが国の政党の党首や党幹部の中にこのような指導者の条件を備えた者がいるかどうか心許ない思いがします。これらの政治リーダーたちの言葉があまりに軽く、あまりに事務的で、心に響くものがないのは、なんとも残念というほかありません。しかも、これらの党リーダーたちがそれを恬《てん》として恥じるところがないかに見えるのは、なんともやるせないことです。

6　反対意見の効用

かけ足でお話してきましたが、きょうの作業は、世の中で疑問の余地がないように一般的に行われている通説や定説を俎上にのせて、古今の名句、警句、箴言などを手がかりにして、現代デモクラシーの条件を背景に、原理・原則に立ち返って政治やデモクラシーを再考する、再検討するということでした。

私には、通説や定説といわれるものには、いつも距離をおいてみるという習癖があります。第二次世界大戦の敗戦時の衝撃の影響といえるかもしれません。戦争が終わる一週間か一〇日ほど前のことです。当時私は旧制中学四年生で（今の高校一年）工場へ学徒動員されていましたが、付添いの教師が、昼休みに生徒を工場の集会場へ集めて名調子で訓話しました。その時の一節が、今も耳に残っていて消えません。教師は、名調子でこういったのです。「大日本帝国は神国なり、神国日本は敗る能わず（負けることはありえない）。鬼畜米英撃ちてし止まん。」

ところが、戦争が終わって学校の教室へもどったわれわれに、その教師は、今度はアメリカを礼讃し、アメリカのデモクラシーがどんなにすばらしいかを同じような名調子で説いたものでした。後に私自身も教員になって、当時の教員のおかれた立場には同情を禁じえないのですが、それでも反対意見に保守反動とか抵抗勢力とかのレッテルを張りつけての大声での主張に同調する気にはなれません。結局は、自分で考えて納得できる見方・考え方で行動するのが一番心安まることではないでしょうか。

ちなみに、第二次世界世界大戦のさなかに国民の戦意を鼓舞して、「武装せよ銃後女性」「撃ちてし止まむ」の見出しとともに次のような記事を掲げたのは、一九四三（昭和一八）年三月七日付けの『東京朝日新聞』でした。

「一億はすべて武装せよ、今日の決戦は要求する、前線の将兵のみに戦ひをまかせて、安閑としてゐる時ではない。銃後も武装せよ、一億国民は一人残らず「撃ちてし止まむ」突撃に参加しなければならぬ。子等も起て、女も武装せよ。」

この関連で、昨年の総選挙の際に話題になったマニフェストが問題になります。マニフェストを持ち出した民主党によると、「マニフェストは、政権を争う二大政党が、それぞれ、政権を担当したときに実行する政策を政権担当前に国民に約束する政権政策」ということです。一見もっともですし、今までの選挙があまりに没政策的でしたので、政策への関心を喚起する選挙は歓迎されるべきでしょう。しかし、同時に注意しなければならないのは、マニフェスト選挙・政治の落とし穴です。

一つは、今日の選挙がオムニバス・アフェアーであることです。オムニバスというのは、乗合自動車、要するにバスのことですが、誰でも彼でもが一緒に乗り込む乗り物ということです。選挙がオムニバス・アフェアーというのは、ありとあらゆる政策課題が争点として提示される選挙ということです。マニフェストがイギリスの選挙に導入されたのは一八三四年のことでした。つまり、教育も、福祉も、社会医療も、環境も、政府の守備範囲には入っていない消極政治、夜警国家の時代を背景にしていたのです。ところが、今日では、国民生活のほとんどあらゆる側面が、政府の活動とかかわっています。いわゆる積極国家、福祉国家が、現在の政治の特徴であり、選挙では、教育、福祉、社会医療、環境、高齢者対策、治安、防衛などほとんど無限定に広がる政策課題が、各政党によって、争点として選挙民の前に提示されます。つまり、選挙は、これらの政策がごったにつめこまれたオムニバス・アフェアーであるわけです。

もし、自民党や民主党の政策を一括して支持できるのであれば問題ありませんが、実際には、教育政策は自民党の政策が支持できるが、社会医療政策では民主党の政策がいいといったことが、ごく普通に起こるでしょう。そこで、有権者は、政策を考慮に入れて投票する場合、まずまず全体としては、自民党がいいとか、民主党がいいとか判断して投票することになるでしょう。ところが、選挙の結果、自民党が勝てば、小泉首相がつねに主張しているように、自民党の政策が全部支持されたものと解釈されてしまうのです。

もう一つの問題は、政治は生きもので、いつ何が起こるかわからないということです。マニフェストで提起されている政策課題だけが、政府が現実の政治の上で取り組むべき問題となるわけではありません。イギリスのブレア政権が苦しんでいるのは、二〇〇一年の総選挙のときにはまったく予期していなかったイラク戦争ですし、二〇〇三年一一月の日本の総選挙で、各党が鳥インフルエンザ問題の発生を予期していたわけではありません。この点について、サッチャーの警句に耳を貸すべきでしょう。サッチャーは、こういっているのです。

「政治では、予期しないことが起こると、いつも予期していなければいけない。」

そして、マニフェスト選挙・政治についてのさらにもう一つの問題は、議会主義との関連です。すでに申しあげてきましたように、議会主義の要諦は妥協であります。先ほど名前をあげたヤャンピオンは、議会制度が一番よく作用する条件の一つとして、多数党が専制的でなく、少数党が憤激する理由をもたないことをあげていますが、マニフェスト政治ということで、選挙に勝った政党が、遮二《しゃ》無二自らの公約を押し通すということになれば、議会は、単に多数党の政策を追認するだけの場となり、形骸化してしまうでしょう。オーストリア生まれの政治学・国際法学者で、一九三〇年代にアメリカに亡命したハンス・ケルゼンが、一九二九年に著した『デモクラシーの本質と価値』という本の中で、多数者と少数者が討論の過程を通じて一つの妥協点に到達するのが議会の方法であり、そこでなされる決定は、もはや単なる多数者の意思でも、少数者の意思でもないとし、多数決原理は、むしろ多数・少数決原理と呼ぶ方が適切だと論じているのは、議会主義のポイントを衝いているというべきでしょう。

こんなわけで、マニフェスト導入論者が、マニフェスト選挙政治批判をあたかも反デモクラシー論のように批判して封じ込め、マニフェスト選挙がデモクラシー再生への切り札であるかのように主張するのは、デモクラシーの原点、議会制デモクラシーの原理に照らして問題なしとしないのです。

勝手なことを申しあげて、いろいろお耳障りなことがあったかもしれません。しかし、いろいろな意見があってこそ、自分の意見を見直し、確認し、成熟させることができるはずです。反対意見は、われわれをリフレッシュさせる栄養剤であります。そんな意味で、ご容赦いただきたいと思います。

ここで、佐藤一斎の次のような言葉を紹介して、今日の雑学の結びとさせていただきます。大意は、「考え方や性格が同じ人とつきあうのはいいが、益するところはあまり多くない。考え方や性格が違う人とつきあうのもいい。この場合、益するところがけっして少なくない。他山の石、以て玉を磨くべしというのは、このことである」といったところでしょうか。

「人我に同じき者あり。与《とも》に交わるべし。而して、其の益を受くること、はなはだ多からず。我に同じからざる者あり。また与に交わるべし。而して、其の益は即ち尠《すくな》きにあらず。他山の石、以て玉を磨くべしとは、即ち是れなり」

II　政治家よ、言葉を響かせよ

1章　政治家の言葉を考える

1　最近の政治家の言葉

最近のわが国の政治家たちの言葉の貧しさ、貧相さは、目に余る状態というべきでしょう。国会改革の一環として五年前（二〇〇〇年）にせっかく導入された党首討論にしても、およそ討論の態《てい》をなしていませんし、そこで爽やかな論理、思わず膝を打ちたくなるような言い回し、ウィットに富んだ切り返しを目にし、耳にすることは、まずありません。いたずらな揚《あ》げ足とりや罵声が飛びかい、論点がかみ合わない議論がまかり通るとあっては、制度を導入したねらいとはまったく逆に、党首討論がむしろ国民の間に議会制デモクラシーへの空しさを増幅させる結果をさえ招きかねません。残念なことです。

とにかく、テレビの国会中継で予算委員会などでの閣僚と議員たちの議論の応酬などをみていますと、悪口雑言のたぐいの汚い言葉が飛びかうことも、けっして稀ではありませんし、そこにはとてもわが国で最高の議論のフォーラムといった趣はありません。政治家の言葉を楽しむどころではありません。昔は、代議士を選ばれたすぐれた人という意味でよく選良といいましたが、最近この言葉を聞くことがほとんどなくなりましたのも、こんなことと無関係ではないかもしれません。

最近の総理大臣の演説にしても、人々の記憶に残り、後々話題になるといったたぐいの言葉やいい回しは、絶無に近いといっていいでしょう。とにかく、わが国では、総理大臣が国会で行う施政方針演説にしても、まずその場かぎりで、後の政治家によって引用され言及されるといったことも、まずありません。

2　英米政治家の名句・名言集

これに対して、アメリカでは、人々の記憶の中に残っている大統領の演説は、けっして少なくありません。そして、政治家たちも、おりにふれて、これらの先人たちの演説の一節を自分の演説の中に取り込みます。二〇〇二年九月一一日にニューヨークのグラウンド・ゼロで開かれた、前の年の九月一一日に起こった同時多発テロ事件の一周年記念追悼会では、政治家たちは、追悼式辞の中で一七七六年のアメリカ独立宣言とともに、フランクリン・ルーズベルト大統領の「四つの自由」演説やエイブラハム・リンカーンのゲティズバーグ演説を朗読したと伝えられました。

ルーズベルト大統領の「四つの自由」演説というのは、言論・表現の自由、信教の自由、欠乏からの自由、恐怖からの自由という四つの基本的な人間の自由に基礎をおいた世界の実現を訴えた一九四一年一月の演説です。リンカーンのゲティズバーグ演説が、人民を、人民が、人民のために治める政治という民主政治の確立を目標として高く掲げたものであることは、いうまでもありません。

ところで、今年（二〇〇五年）の一月二〇日の二期目の大統領就任演説で、ブッシュ大統領はまた、リンカーンの言葉を引きました。ゲティズバーグ演説は、一八六三年に行われましたが、ブッシュ大統領は、その四年前の一八五九年のリンカーンの言葉をよみがえらせたのです。リンカーンの言葉は、こうです。

「奴隷になりたくない人は、奴隷を所有しないことに同意しなければなりません。他人に自由を否定する人は、自分自身も自由に値しませんし、公正な神の下で、自由を長い間保持することはできません。」

ブッシュ大統領は、就任演説でこの後半の部分を引用したのです。

アメリカ人は、大統領の演説といえば、これらのリンカーンやルーズベルトの演説とともに、初代大統領ワシントンが大統領の地位を退くに当たって発した一七九六年の「告別の辞」やジョン・ケネディの一九六一年一月二〇日の大統領就任演説などをすぐ思い浮かべるでしょう。四三歳であったケネディの就任演説の有名なくだりはこうです。

「問うなかれ、あなた方の国があなた方のために何をなしうるかを。問い給え、あなた方があなた方の国のために何をなしうるかを。」

とにかく、アメリカでは、大統領の演説や言葉で、五〇年前、一〇〇年前のものでも、いまなおみずみずしい生命力を保っているものが少なくありません。

一〇年ほど前に、アメリカの歴史学者ピーター・レヴィが、『アメリカ・デモクラシーの一〇〇の基本文書』（一九九四年）という本を編集し、アメリカ・デモクラシーについての政治家や政治思想家などの重要な演説や文章を一〇〇選んで収録しました。その中には、自由で民主的な国作りのためのアメリカの独立の大義を説いたトマス・ペインの『コモン・センス』（一七七六年）、ヨーロッパからのアメリカの精神的独立を説いた思想家エマーソンの講演「アメリカの学者」（一八三七年）、黒人差別撤廃・人種平等を訴えたマーティン・ルーサー・キングの「私には夢がある」（一九六三年）演説などとともに、ジョージ・ワシントン、トマス・ジェファソン、リンカーン、ウッドロー・ウィルソン、フランクリン・ルーズベルト、ケネディなどの大統領の一五の演説が含まれています。

実際、アメリカやイギリスのデモクラシーの真髄は、政治家の言葉を楽しみ、政治家の言葉によって連帯感を強め、デモクラシーの将来への望みを確認しあうところにあるかのようです。私は、アメリカやイギリスに滞在しておりましたときに、政党大会や政治集会で政治家の演説を聞く機会がたびたびありましたが、そんなおりにいつも目にしたのが、自分たちの心に響く言葉、思わず膝を打ちたくなるような言葉を聴くと、待ち構えていたかのように立ちあがって拍手を送る聴衆たちでした。いわゆるスタンディング・オベイションです。

そして、アメリカやイギリスでは、こういった政治家や政治思想家たちの、時代を越えて語り伝えられてきた名句、名言を集めた本が、何種類も出版されています。

そのような名句・名言集の例が、一九八四年にイギリスで出版された『政治引用語辞典』や一九九〇年にアメリカで出版された『政治引用語集』ですが、最近のものとしては、一九九六年に初版が出て、昨年（二〇〇四年）改訂版が出たイギリスの『オックスフォード政治引用語辞典』や二〇〇三年にアメリカで出版された『政治家名言集』などがあります。

こういった政治引用語辞典や政治家名言集でもっとも多くの名句・名言が掲載されている一人が、警句の名手、名匠ともいうべきイギリスの政治家ウィンストン・チャーチル（一八七四―一九六五）です。一九四〇年から一九四五年までと、一九五一年から一九五五年まで、合計して九年間首相の座にあったチャーチルは、イギリス下院での演説などで、独特の人間観、政治観の上に立つ名言を吐き、議場の内外、さらには海外で、多くの人々の耳目を集めました。

一九四一年の言葉として知られるのが、「イギリス国民は、こんな点でユニークです。イギリス国民は、事態がどんなに悪いかといわれるのを好み、事態が最悪だといわれるのを好む唯一の国民です」という辛辣なイギリス人論ですが、一九五一年には、こんな警句を残しています。「議会の目的は、なぐり合いを議論に代えることです。」

そして、一九四七年に下院で行った演説で吐露したつぎのようなデモクラシー観は、一番よく引用される一つです。このとき七三歳で円熟のチャーチルは、こう述べました。

「デモクラシーは、一番悪い政治の形態です。いままでに試みられてきた他のすべての形態を別にすればの話ですが。」

要するに、チャーチルは、デモクラシーにも欠陥はある、それは否定できない。しかし、いままでに試みられてきた他のさまざまな政治の形態とくらべれば、一番いい政治の形態だといっているのです。

ところで、このイギリスのチャーチルに対して、アメリカの最近の政治家で、名句・名言辞典に一番多くその言葉が掲載されている一人が、ロ－ナルド・レーガン（一九一一―二〇〇四）です。チャーチルの名句・名言には、皮肉が込められ、ひねりがきいているのに対して、レーガンの名句・名言は、明るいユーモアと軽妙な機知に富んでいるのが特徴です。そんなレーガンの真骨頂がうかがわれるのが、政治についてのこんな二つの言葉でしょう。

「政治は、芸能とよく似ている。まずオープニングが地獄で、そのあとはしばらく惰性で進むが、終わりがまた地獄だ。」

「政治は、悪い職業ではない。成功すれば多くの報奨があるし、失敗したら、いつでも本が書ける。」

『政治家名言集』を編集したウィリアム・ホイットマンは、レーガンについて「当意即妙の機知に富んだ名言で国民をしばしば魅了した」と書いていますが、今挙げた名言は、まさにそのたぐいのものといっていいでしょう。レーガンの名言は、癒しの言葉でもありました。

しかし、レーガンは同時に政治の本質を衝いた警句も残しています。その一つが、「皆様が必要とするものを何でもかでも与えることができるほど強力な政府は、皆様から何から何までとり去ってしまうほど強力な政府ということになります」という警句です。レーガンは、あれもこれもと何でも政府から引き出そうとする国民に、強大な政府の危険について率直に警告したのです。

俳優から政治家に転じたレーガンは、自らの過去を重ね合わせながら、「いつも私が不思議に思うのは、芝居の経験のない人が、どうやって政治家の役割をうまくこなせるのかということです」といって、今日の政治家のありようについての人々の感興をそそる言葉を残していますが、一九九四年一一月にアルツハイマー病の初期段階にあることを自ら公表して、「私は、人生の日没へと向かう旅にいま出立いたします」と国民に別れを告げたのは、最後まで国民に語りかける「言葉」を大事にしたレーガンならではであったというべきかもしれません。それから一〇年を経て、二〇〇四年の六月五日に、レーガンは亡くなりました。九三歳でした。

レーガンが大統領に在任したのは、一九八一年一月から八九年一月までの八年間でしたが、ほぼ同時期にイギリス首相をつとめたのが、マーガレット・サッチャー（一九二五―）です。サッチャーは、一九七九年五月から九〇年一一月までの一一年半にわたって首相に在任しました。このサッチャーも、サッチャー節ともいうべき警句、名言を数多く残しています。その一つが、こんな箴言です。「一生懸命努力しないでトップに行った人を私は知りません。努力が秘訣です。努力すれば常にトップに行けるというわけではありませんが、努力すれば、きっとトップのごく近くまでは行けるはずです。」

そして、サッチャーは、自らの経験をふまえながら、政治リーダーの心構えについて、こんな警句を残しました。「政治では、予期しないことが起こると、いつも予期していなければいけない。」

3　英米政治家・政治思想家たちの名言・名句

とにかく、歴史にその名を刻した政治家たちが残した名句、名言は、人生の機微に触れ、政治の要諦を衝き、賢慮に満ち、時代を越えて、われわれの共感を誘います。政治家たちの名言集が何種類も出版されて、広く読まれているゆえんでしょう。

一六世紀半ばから一七世紀初頭にかけての時期に活躍したイギリスの哲学者が、フランシス・ベーコンですが、このベーコンが残した『随想録』は、人生万般についての箴言に満ち満ちています。その中でベーコンは、「最上の助言者は、死者である」といっています。ここで死者というのは、書物を残した先人ということです。この本の日本語訳は何種類か出ていますが、その中の一冊は、よりわかりやすくするために、「いちばんよい忠告者は死んだ人たち、すなわち書物だ」と訳しています。そして、ベーコンは、この言葉に続けてこういっています。

「助言者が口ごもるとき、書物は、率直に語ってくれる。したがって、書物、とりわけ自分自身が舞台の上で活躍したような人の書物に親しむことは、有益である。」

ここでベーコンは、書物といっていますが、先人たちの残した箴言、警句といいかえてもいいでしょう。実際に、その時代、時代で指導的な役割を演じた政治家や政治思想家たちが残した政治の名言、警句は、われわれが政治について考えるときの好個のてごろで有益な手がかりやヒントを与えてくれます。

たとえば、政治家のあり方についてのリチャード・クロスマン、ハロルド・ウィルソン、マイケル・フットが残した言葉です。三人とも、第二次世界大戦後にイギリス労働党のリーダーとして活躍した政治家です。クロスマン（一九〇七―七四）は、一九四五年から七四年まで三〇年近く下院議員をつとめ、ウィルソン労働党内閣では、健康・社会福祉担当相、住宅および地方政府担当相などを歴任しましたが、一九五七年に書いた文章の中で、大政治家と小政治家の違いについて、示唆に富む名言を残しました。「大政治家は、自分の意思や考え方をその環境に刻印する（刻み込む）のに対して、小政治家は、自分自身を環境に合わせる」というのが、それです。

このクロスマンが閣僚をつとめたのが、ウィルソン内閣においてでしたが、ウィルソン（一九一六―一九九五）は、一九六四年一〇月から一九七〇年六月までと、一九七四年三月から一九七六年四月まで、首相として労働党内閣を率いました。そして、首相を辞してから程なくして公けにした『イギリス政治論』（一九七六年）は、自らの経験をふまえて「イギリスの政治が現実にどのように動いているか、運営されているか」を生き生きと描き出した著作で、通算して八年間首相の座にあったハロルド・ウィルソンならではの政治観、リーダー観が随所に織り込まれ、警句満載といった趣で、興趣が尽きません。そのような警句の一つが、首相の条件についてのもので、ウィルソンは、こういっております。

「首相の成功の主要な条件は、夜の熟眠と歴史のセンスである。」

そして、ウィルソンは、さらに敷衍して「私の考えでは、首相がもちうる最大の強みは、眠れる能力――夜のよい眠り――できれば八時間の眠りです。また、歴史についての、伝統についての、さらにこれまで首相をつとめた人々についてのセンスがなければ、現在の問題について十分に取り組むことはできないと思います」と述べ、関連してもう一つの警句を残しました。それが、「歴史のセンスを欠いていては、首相は、目を覆われているも同然である」という警句です。

このウィルソン内閣に雇傭担当相として入閣し、さらに一九八〇年から一九八三年まで、ウィルソンの二代あとの労働党の党首をつとめたのが、マイケル・フット（一九一三―）です。そして、このフットの警句として知られているのが、「権力の座にいる人には、本を読む時間がない。しかし、本を読まない人は、権力の座に適さない」という警句です。思わず膝を打ちたくなるような切れ味の言葉です。

とにかく、これらのクロスマン、ウィルソン、フットらの警句は、政治家にとっての行動の戒《いまし》めになるだけでなく、有権者が政治家を見る眼を肥やすのに役立つことはまちがいありません。

ところで、今日のデモクラシーの基礎は、いうまでもなく選挙ですが、選挙を通じて適切に表現された民意に基づくデモクラシーの実現といった選挙制デモクラシーの目標と現実の選挙のありようとの間にかなり大きな開きがあることは、否めません。実際に、選挙がいたずらな人気投票になってしまったり、半数に近い、あるいは半数以上の有権者が棄権してしまうといったことも稀ではありません。心ある政治家や政治評論家たちが、このような事態にこもごも警告を発してきたのは当然です。

その中で、選挙がとかく人気投票に堕することに警告を発したのは、ニューヨーク・タイムズ紙の政治記者として活躍し、二〇世紀後半期のアメリカを代表する政治評論家として知られ、今年が没後一〇年になるジェームズ・レストン（一九〇九―九五）でした。レストンの警告は、こうです。「選挙は、将来についての賭けであり、過去の人気の度合いをはかるテストではない。」要するに、レストンは、政治家の力量次第で未来は大きく変わるのであり、選挙をいたずらに政治家の「人気投票」の機会にしてしまうことの危険について、警鐘を鳴らしたのでした。

一九世紀のアメリカで社会改革家として活躍したジェームズ・クラーク（一八一〇—八八）が、大政治家と小政治家の違いについて残した有名な警句も、人気取りに汲々とし、選挙に勝つことを至上目的とする政治家へのきびしい戒めでした。クラークの警句は、こうです。

「小政治家は、次の選挙を考え、大政治家は、次の時代を考える。」

今年の一一月に日本の自民党は結党五〇周年を迎えますが、民主党と自由党の保守合同をとりしきり、自民党の生みの親としての役割を演じたのが、民主党の三木武吉と自由党の大野伴睦（一八九〇—一九六四）でした。そして、この大野伴睦が残した言葉として知られているのが、「猿は木から落ちても猿だが、代議士は落ちたらただの人」です。洒脱な語り口の人として知られた大野伴睦の面目躍如といったせりふですが、しかし落ちないだけの政治家も困ります。

選挙で落ちないために、政治家が寝てもさめても選挙のことばかり考えているといったことになってしまいますと、何のために政治家を目指すのかが見えなくなってしまうでしょう。一九一三年から一九二一年にかけてアメリカの大統領をつとめたウッドロー・ウィルソンが、一九一三年に大統領に就任してから間もなくの時に行った演説の中で、「再選されることばかり考えていると、再選に値することがきわめて難しくなる」という警句によって大方の注意を喚起したのは、ほかならぬこのことに関連しています。

ところで、大野伴睦と同時代に活躍したアメリカの政治家で、イリノイ州知事をつとめ、一九五二年と一九五六年の二度、大統領選挙で民主党候補になったのが、アドライ・スティブンソンです。スティブンソン（一九〇〇―六五）は、一九六五年に亡くなりましたので、今年が没後四〇年ですが、大野伴睦は、その前年一九六四年に亡くなりました。スティブンソンは、多くのアメリカ人に敬愛された政治家でしたが、大統領選挙では、二度とも当選できませんでした。相手の共和党候補が、第二次世界大戦での国民的英雄であったドワイト・アイゼンハワーであったからです。しかし、スティブンソンも、政治家名言集の中に多くの言葉が収録されている一人で、その名言の一つが、一九五二年の大統領選挙のさなかに述べた「自由な社会というのは、私の定義では、不人気であっても安全な社会である」という言葉です。そして、スティブンソンは、この大統領選挙に当たっての民主党大会での大統領候補指名受諾演説の中で、有名な警句を吐いたのでした。「選挙に勝つことよりずっと重要なのは、国の舵取りをどうするかである」というのが、それです。

ところで、選挙についてのもっとも古典的な警句として知られるのが、フランスの思想家ジャン・ジャック・ルソー（一七一二―七八）が一七六二年に出した『社会契約論』の中に書き記している次のような一節です。

「イギリス人は、自分たちは自由だと考えているが、かれらは思い違いをしている。イギリス人が自由なのは、議会の議員の選挙の間だけで、議員が選ばれるやいなや、イギリス人は奴隷化されてしまい、なんの力ももたなくなってしまう。」

実際問題として、任意投票制ということで、選挙に行こうが行くまいが自由とばかりに自由を謳歌しすぎますと、そのむくいはブーメランのように有権者に返ってきて、結局、自由は形骸化することになりかねません。この点について警告したのが、一九七四年から一九七七年にかけて、フォード大統領の下で財務長官をつとめたアメリカの政治家ウィリアム・サイモン（一九二七―）でした。サイモンは、こう述べたのです。

「悪い政治家をワシントンへ送り出すのは、投票しない善良な市民たちだ。」

サイモンがこの警句を投じたのは、一九八五年のことですが、そのころアメリカでは、選挙のたびに投票率が振るわず、心ある人々の注意をひいていました。一九六〇年代には、六〇％台であった大統領選挙での投票率は、一九七二年に五五・二％に落ち込み、続く一九七六年、一九八〇年、一九八四年の大統領選挙でも事態は好転せず、投票率は、五〇％そこそこに止まりました。それどころか、大統領選挙がなく、上下両院議員選挙が中心の中間選挙の場合には、事態はいっそう深刻で、一九七四年に三〇％台にまで下降した投票率は、一九七八年、一九八二年にも三〇％台を超えることができなかったのです。一九八二年の中間選挙についてみると、投票率は三八・〇％でしたから、当時全体で一億六九〇〇万人であった有権者のうち、ほぼ一億人が投票の自由を謳歌して、投票所へ足を運ばなかったことになります。

そして、サイモンの警句は、このところ選挙のたびに投票率の不振が話題になるわが国の選挙の現実にも照らして、日本の今日の選挙制デモクラシーにとっても、きわめて有意性の高い的を射た警句というべきでしょう。

4 日本の政治家の名句・名言

ところで、日本の政治家の名言、名句ということになりますと、平均的日本人がすぐさま挙げられるようなものは、ほとんどないといっていいかもしれません。アメリカやイギリスのように、政治家の「名句・名言集」が何種類も出版されて、広く読まれているといった状況に程遠く、第二次世界大戦後の首相の演説で広く人々の記憶に残っているものも、ほとんどないのではないでしょうか。

もっとも、広く政治家の言葉ということになりますと、人々の記憶に残っているものがまったくないというわけではありません。先程挙げた大野伴睦の「猿は木から落ちても猿だが、代議士は落ちたらただの人」というのがその一つですし、一九六〇年初頭に民主社会党が結成されたおり、東京の日比谷公会堂で行われた結成記念演説会の演説で、委員長の西尾末広が、「政権を取らぬ政党は、ネズミを捕らぬネコのようなもの」という名文句を吐いたことも、有名です。

また、政治が突然に思わざる方向に動き出すとき、きまって思い出されるのが、岸信介総裁の下で幹事長、池田勇人、佐藤栄作両総裁の下で副総裁をつとめ、副総裁現職で死去した自民党の領袖、川島正次郎が残した「政界、一寸先は闇」という名言です。ちなみに、大野伴睦、西尾末広、川島正次郎の三人は、同世代でした。大野と川島が、ともに一八九〇（明治二三）年の生まれで、西尾は、翌年の一八九一年の生まれです。

残念なのは、これらの三人の名言が、政界あるいは政治家たちの狭い範囲に向けられたもので、広くデモクラシーのあり方にかかわっていないことです。しかし、歴史を振り返ってみますと、わが国の政治家の中にも、人々の記憶にとどめられるべき名言、名句を残している政治家がいなかったわけではありません。ここでは、例として二人の政治家の言葉についてみておきたいと思います。一人は高田早苗、もう一人は尾崎行雄です。

二人はともに、一八九〇年、明治二三年の第一回総選挙で当選しました。ちなみに、第一回総選挙での当選者の名前をみますと、一騎当千といいますか、綺羅星のごとくといいますか、錚々たる顔ぶれで、まさに選良の名にふさわしい面々です。たとえば、陸奥宗光（和歌山一区）、中江兆民（大阪四区）、犬養毅（岡山三区）などです。また、興味深いのは、先程名前を挙げた大野伴睦や川島正次郎は、この第一回総選挙が行われ、国会が開設された年に生まれたのでした。

ところで、高田早苗は、一八六〇年の生まれで、第一回総選挙当時三〇歳でした。当時の選挙法では、被選挙権年齢は三〇歳でしたから、高田は、最年少議員の一人であったわけです。高田は、その後第四回総選挙まで連続当選し、第五回総選挙では落選の憂き目をみましたが、第七回、第八回の総選挙で続けて当選し、通算して九年余り衆議院議員として活躍しました。また、高田は、第二次大隈内閣では入閣して、一九一五年八月から翌年一〇月まで文部大臣をつとめました。

しかし、高田の活動は、政治の場だけであったのではありません。むしろ、高田の活動の拠点は、早稲田にありました。高田は、一八八二年、明治一五年に東京大学を卒業してすぐ東京専門学校の創設に参画しました。二二歳のときです。東京専門学校は、早稲田大学の前身ですが、高田は、教員としては、英国憲法史、国会法、行政法などの政治学関係の科目を担当し、議員在職中も講義を続けました。

しかも、高田の活動は、それだけにとどまりません。一八八七年には、二七歳で『読売新聞』の初代主筆に就任し、衆議院議員に当選して、議員と教員の両面での活動に忙殺されて、一八九〇年末に主筆の座を降りるまで、三年間にわたって読売新聞の紙上で、国会開設期の、いわば日本のデモクラシーの黎明期に、デモクラシーの発展へ向けての啓蒙的論陣を張りました。

読売主筆としての高田の活動の中でもっとも光彩を放っているのは、主筆就任の二か月後の一八八七年一〇月一日から翌年七月二二日まで七三回にわたって連載した「国会問答」です。これは、問答の形式をとって、議会の制度から運営に至るまで、平明に懇切に解説した国会入門でしたが、この連載の開始が国会開設の三年間であったことに、とくに注目しなければなりません。

このような八面六臂の活動の中で、高田は、いろいろな局面で今日もなおみずみずしい多くの名言を残しました。『読売新聞』の主筆として高田が標榜したのは、「新聞は、社会に先立つこと一歩なるべし。二歩なるべからず」という立場でした。この立場は、現在の新聞人が、拳々服膺すべきものでしょう。

高田は、「国会問答」の連載を終えた翌年に、わが国における修辞学の草分けとして位置づけられる『美辞学』（一八八九年）という著作を公にしました。高田にとって、政治学的素養と修辞学とは、密接に結びつくべきものでした。この点について、高田は、その六年後に出した「政治学研究之方法」と題する小冊子の中で、こう述べています。

「政治学者は或は文章を以て、或は口舌に拠りて其思想を吐露するに巧みならざるべからざるを以て修辞学の研究をも亦為すを要するなり。予の意見を以てすれば論理学と修辞学とは鳥の雙翼の如く相待て用を為すものなるが故に政治学に志すもの其始めに於て攻究を怠るべからず。」

ちなみに、高田の「国会問答」は、わが国で最初の「市民のための政治学」といった趣ですが、この「政治学研究之方法」は、政治学を学ぶ学生のためのわが国で最初の「政治学研究入門」といっていいでしょう。

要するに、高田はここで、政治学と論理学、修辞学の密接な結びつきを強調しているのですが、この三つの結びつきは、政治家の議論にとっても不可欠な要素です。高田は、『美辞学』の中で、この点に関連して「学者とともに考え、俗人とともに談ずべし」という箴言を残しています。高田は、この箴言について、言葉をついで「蓋し思想は深遠なるべく、談話は平易なるべしと云ふの意なり」と説明しています。要するに、政治家が、一般の大衆に向かって演説する場合には、深い思想に裏打ちされた、しかし誰にでもわかる平たい言葉で語れ、ということです。

この『美辞学』を著したとき、高田は、まだ二九歳であったというのは驚きですが、それから三〇年を経て円熟期に入っていた一九一九年に、早稲田の学生に対して行った講演で、高田は、リーダーの条件について論じ、I－3章で触れたように、リーダーがまずもって「多少の哲学思想をもち」「広く世界の歴史に通じ」「文学趣味を有し」「夫れから演繹され帰納されたる政治学について健全な該博なる知識をもつこと」の必要性を力説しました。

この高田の政治家観は、前に触れたイギリスの政治家ハロルド・ウィルソンやマイケル・フットのリーダー観と重なるところが多いといえるでしょう。

ところで、高田は、大隈重信の没後一九二三年に早稲田大学総長に就任し、一九三一年までその任にありました。結局、高田は、言論界、政界、教育界で指導的な役割を演じたわけです。

これに対して、尾崎行雄は、高田とともに第一回総選挙で当選してから、一九五二年の第二五回総選挙まで、二五回連続当選し、六三年間にわたって衆議院議員の座にあり、日本のデモクラシーの先導者、牽引車の役割を演じ、「憲政の神様」の異名をとるようになりました。ちなみに、尾崎は、高田の二年年長で、尾崎が一八九八年六月に成立した第一次大隈内閣に四〇歳で文部大臣として入閣した際、三八歳の高田は、その下で高等学務局長、専門学務局長などを歴任しました。ちょうどこのときは、高田は議席を離れていたときであったのです。

なお、尾崎は、一九〇三年から一九一二年まで九年間にわたって第二代東京市長をつとめました。四五歳から五四歳にかけてのときです。当時は、市長と衆議院議員を兼ねることが認められていました。そして、尾崎は、第二六回総選挙ではじめて落選の憂き目を見、その翌年一九五四年に九五年の生涯を閉じました。まさに、政治一筋の生涯であったわけです。

この尾崎の真骨頂は、とくに議会での議論にありました。その意味で、尾崎は、まさに議会人中の議会人であったといっていいでしょう。その尾崎の演説の中でもとりわけ有名なのが、一九一三年二月五日に議会の本会議で、第三次桂太郎内閣の不信任決議案の趣旨説明で行った演説です。東京市長を辞して七か月余りを経て、尾崎は、議会人としての生気を取り戻していました。桂内閣を退陣に追い込み、第一次憲政擁護運動の引き金となった演説で、尾崎は、桂を糾弾して、「彼等ハ常ニ口ヲ開ケバ直ニ忠愛ヲ唱ヘ、恰モ忠君愛国ハ自分ノ一手専売ノ如ク唱ヘテアリマスルガ、其為ストコロヲ見レバ、常ニ玉座ノ蔭ニ隠レテ、政敵ヲ狙撃スルガ如キ挙動ヲ執ッテ居ルノデアル」と論じ、さらに言葉をついで、「彼等ハ玉座ヲ以テ胸壁トナシ、詔勅ヲ以テ弾丸ニ代ヘテ政敵ヲ倒サントスルモノデハナイカ」と斬り込みました。言葉が生き生きとして、迫力に溢れている、まさしく大正デモクラシー期の幕開けを告げる演説でした。

この護憲運動が、一九二五年の男子普通選挙の実現といった具体的な成果を生むことになるわけですが、普通選挙法が成立した翌年に、尾崎は、林田亀太郎（一八六二—一九二七）との共著で、広く国民一般の普選法の理解に資するために、『普選読本』という本を著しました。林田亀太郎は、一九世紀末から二〇世紀初頭にかけて衆議院書記官長をつとめ、その後衆議院議員にも二回当選した、議会の生き字引的存在でした。

この本には、日本の選挙制デモクラシーの発展へ向けての六八歳の尾崎の衰えぬ気力をうかがわせる警句が、随所に織り込まれています。その一つが、「選挙の場合には、政党は批判を受くべき被告であって、国民は裁判官であることを忘れてはならぬ」という警句です。そして、尾崎は、「戸別訪問して哀訴歎願したから投票するとか、縁故や情実に依って去就を決するとか云ふが如きは裁判官たるの地位を毀傷するもので立憲国民として最も恥づべきことである」と付言して、有権者を叱咤しています。

尾崎の警句としてここで挙げておきたいもう一つは、「経世家は民衆を教へ、政略家は民衆に媚ぶ。政略家は常に民衆に擁せられている。而も国家はその弊を受く」というものです。ここで経世家は大政治家、政略家は小政治家を意味しますが、小政治家が国民に媚びて支持を集め、その結果として国が誤った方向へ導かれていくことに、尾崎は、警鐘を鳴らしたのでした。

5　議会制デモクラシー活性化のカギ

議会主義は、話し合いによる政治、討論による政治であり、その意味で、議会は、言論の府と呼ばれてきました。そして、議会制デモクラシーをいろどり、その発展を支えてきたのは、いままで触れてきたような名句、名言を紡《つむ》いだ政治家や政治思想家たちでした。

ちょうど日本の明治維新をはさむ時期にイギリスで活躍した政治学者が、ウォルター・バジョットでした。このバジョット（一八二六―七七）が、明治維新の前年一八六七年に著したのが、『イギリス憲政論』で、国会開設期のわが国の政治リーダーたちによく読まれた本でしたが、この本の中で、バジョットは、議会は、「討論の大舞台《おおぶたい》、民衆教育と政治論議の大機関」であり、「卓越した政治家による議会での演説」が、「国民を刺激し、活気づけ、教育するのに、今まで知られている手段の中で最上のもの」と説きました。

このバジョットの強い影響を受けたのが、アメリカのウッドロー・ウィルソンで、バジョットの『イギリス憲政論』をモデルにして、一八八五年に著した『アメリカ連邦議会論』の中で、ウィルソンは、バジョットのひそみにならって、こう論じました。「立法よりさらにいっそう重要なのは、国のすべての重要問題を白日の下の論議の中につねにさらし続ける議会から、国民が受け取る政治の問題に関しての教育とガイダンスである。」

今日の日本の政治家にやるせないほどに欠けているのは、このような役割に対する自覚です。国会での党首討論にしても、党首たちに、討論を通じて国民に対してわが国が直面している重要な問題についてわかりやすく懇切な情報を提供しようとする姿勢は、およそみられませんし、政治家の言葉を楽しむどころではありません。

先程、イギリスで一九六〇年代半ばから七〇年代半ばにかけて首相をつとめたハロルド・ウィルソンの『イギリス政治論』という本について触れましたが、ウィルソンは、この本の中で党首討論について言及し、「政府の運営をつかさどる首相は、権力への挑戦者、さらには、首相に何が起こったかをその日の夕方に報告する新聞やテレビの全体と身を挺して闘わなければならない。党首討論で、首相は試されているのであり、下院は、自らがそのテストに参加しているのだと感じている」と書き、さらに党首討論への首相の対し方について、こう述べています。

「どの首相もみな、夜おそくまで答弁について準備する。もし、イギリスに党首討論を恐れない首相がでてくるようなことになると、イギリスの議会制デモクラシーは、危機に瀕することになろう。」

日本の政治家に望みたいのは、議会での議論に対するこのような準備、心構えであり、言葉に対する恐れです。それなしには、日本の議会制デモクラシーは、否応なしに形骸化してしまうでしょう。日本のデモクラシーの活性化のカギが、政治指導者の言葉にあることに、政治家は、思いを致すべきときです。政治家たちの奮起を促したいと思います。

2章　党首たちよ「宰相の言葉」で語れ

見られない言葉の品格

テレビ放送五〇年ということで、このところNHKはこの歴史を振り返るさまざまな記念番組を組んでいて、懐旧の思いをそそられることが多い。テレビでの国会中継もNHKのテレビ実験放送時代の昭和二七年一〇月の吉田茂首相（第四次）指名選挙の模様を伝えたのが最初だという。テレビの国会中継の歴史も五〇年を超えたわけである。

そして、ここで改めて気が滅入る思いにさせられるのは、国会中継で映し出される相変わらずの「国会模様」の貧しさにほかならない。

とくに気になるのは三つの点である。何よりもまず、言葉に品格がない。薄汚い言葉での討論のやりとりをみていると、これが「選良」たちのすることなのかと目を覆いたくなる。野党の議員たちがとかく事とする居丈高な言葉の連発には、その議員たちの寒々しい心の風景が透けて見える思いがする。

第二は、議員たちに討論の作法が身についていないことである。一方は茶の間の有権者には目もくれずに用意された原稿の文章を棒読みし、他方は茶の間の有権者のうけをねらったパフォーマンスを繰り返す。行き交うのは、揚げ足取りの挑戦と論点がすりかえられた応答で、議論は一向に生産的に交差しない。

消えない空しい時間の記憶

そして第三の問題は、討論で交わされる言葉に知の奥行きがないことである。相手をやり込めることだけをねらいとしたむき出しの言葉の応酬で、茶の間の有権者の琴線にふれる響きがない。

例の「この程度の約束を守れなかったというのは、大したことではない」という小泉発言が出た一月二三日（二〇〇三年）の衆院予算委員会の国会中継を見ていた私の眼前に突然、勤務先の早大政治経済学部で活動家学生諸君の吊し上げに遭った三〇年余り前の情景がよみがえった。当時私は、学部でこれらの学生諸君と向き合う役割を担当していたのである。吊し上げは三回経験したが、いずれも二時間から三時間に及んだ。思いきり汚い居丈高な言葉での活動家学生諸君の吊し上げに相対した空しい時間の記憶は今も消えない。

考えてみると、小泉純一郎首相も菅直人・民主党代表もその時代に学生生活を送ったわけで、二人の討論が私にそのころを思い出させたのは、二人が引きずっているかにみえる当時の「学生文化」のゆえであるかもしれない。

もっとも三度の吊し上げと対峙《たいじ》した経験はまったく無益であったとはいえない。ベーコンの箴言《しんげん》はこう教えていたのである。「汝の職務の遂行に関しては、援助や忠告を進んで受け入れ、懇請するようにせよ。そうして、汝に情報を提供してくれる人を出しゃばりとして追い払ってはならない。善意に解釈して受け入れよ。」(『ベーコン随想集』岩波文庫)

求められる成熟した思慮

しかし、時の首相と首相志願者の対決では吊し上げまがいの汚い言葉の応酬では困る。求められるのは、討論における「宰相の言葉」であり「宰相の挙措《きょそ》」であろう。加えて、国の舵取りに当たる政治家に求められるのは、政治とデモクラシーについての成熟した思慮である。

予算委での討論がはしなくも照らし出したのは、小泉首相と菅代表のそれぞれの政治観・デモクラシー観の未熟さであった。政治での武器は言葉であり、「この程度の約束を守れなかったのは大したことではない」などといってしまっては、言葉は武器としての有効性を失う。政治家は「それをいってはおしまい」である。

菅代表の発言も揚げ足取りの趣ばかりが目について、何をいいたいのかおよそ明らかではなかった。もし、公約は一切修正をしてはいけないといいたかったのであるとすれば、それは思い違いである。議会制デモクラシーは、議会での討論を重ねて対立する意見の妥協点を探り、決着をはかる政治の方式である。つまり、議会制デモクラシーは、選挙時の公約が議会で修正されることを前提にしているのである。

もちろん、単に「足して二で割る」式の妥協では政治は目標を見失い、漂流してしまう。なされるべき妥協は時間の経過に伴う条件の変化を考慮に入れつつ、志と現実の接点で可能な限り志に近づける努力を重ねた上での妥協である。政治が「妥協の芸術」と目されるゆえんにほかならない。周到な準備の上に立ち、デモクラシーの政治作法についての賢慮と「言葉」への恐れに導かれ、「宰相の言葉」で交わされる党首たちの討論のテレビ国会中継を茶の間の傍聴席で待ちたい。

3章 「新しい夜明け」実感させる政党に

――憂うべきは世襲議員の増殖

勢い感じる「選挙檄文」

「昔、労働党に入るのは新しい夜明けを迎える運動に加わるためだった。今の運動は単に選挙に勝つためだけになってしまっている」と論じて、イギリス労働党の最近のあり方に苦言を呈したのは、イギリスの政治学者リントン・ロビンズであった。しかし「夜明けを迎える」運動の担い手としての性格を衰弱させてきたのは、イギリス労働党に限らない。

実際、わが国の政党に夜明けへの案内者として期待を寄せている者は、有権者の中にほとんど見当たらないであろう。昨年（二〇〇三年）の総選挙で話題になったマニフェストにしても、各政党は「政権公約」といったダイナミズムを欠いた訳語で流通させることによって、未来への大きな構想力をもった政治を封印してしまった。

「政治では、予期しないことが起こることを予期しなければいけない」と警告したのは、イギリスの元首相サッチャーであった。だが、わが国のマニフェストは、未来の政治的課題もすべて可視的であるとする能天気な政治観に立っていたようにみえる。

ちなみに、イギリスでのマニフェスト選挙は、すでに明治二三年の第一回総選挙のさい、わが国に紹介されていた。当時、内務省県治局長であった末松謙澄は、選挙後に作成した選挙結果調査報告の中で、「西洋では選挙のさいにたいてい声望卓越の政治家が『マニフェストー、すなわち選挙檄文《げきぶん》』を発して、将来の攻略を吐露し、人心を喚起するのが常であるのに対し、『本邦にては未だかくのごときことなし』」と述べているのである。

そして、ここで末松がマニフェストを「マニフェストー」と原語の発音により近い形でカタカナ表記していることに加えて、「選挙檄文」と訳しているところに、とくに注目したい。この訳語はマニフェストのもっている言葉の勢いをよく伝えており、有権者を新しい夜明けへ誘う迫力に富んでいる。

加速する政治への閉塞感

最近のわが国の政党は、新しい夜明けへ有権者を誘うどころか、夜明けに背を向けているかのようにみえる。そのような動きの最たるものが、世襲議員の増殖にほかならない。伝えられるところによると、四月末の衆院統一補欠選挙や、七月の参院通常選挙でも、世襲候補が次から次へと名乗りを上げる形勢であるという。

たしかに、世襲候補は政治家である親などを身近に見ており、「政治家学」を学ぶ機会もふんだんに享受している。通常の場合、同世代の平均的日本人に比して、政治家への準備がよりよく整っていることが多かろう。しかも、被選挙権は憲法上、日本人に平等に保障されているのであり、政治家としての条件を整えているものが立候補して何が悪いのか——という声が、彼らの間で根強いのも、その限りにおいて理解できないことではない。

しかし、そのような考え方はあまりにも既成政治家や世襲候補者本位にすぎ、民主政治の未来への構想力に欠けているというべきであろう。世襲候補が特権的立場を利して立ちふさがることによって、同等のあるいはよりすぐれた才能と政治への情熱を備えた多くの若者が、政治という舞台に登場する夢を打ち砕かれ、政治への閉塞《へいそく》感にさいなまれているというのが、先進工業民主国の中ですこぶる例外的な日本の民主政治の現実である。

公設秘書の名義借りも同根

二〇世紀のアメリカを代表する政治学者として知られるロバート・ダールが八七歳のとき著したのが、『アメリカ憲法の民主度を問う』（二〇〇二年）である。ダールは、アメリカ憲法を「聖なる文書」と考えるのをやめ、「民主的目標を達成する手段以上でも以下でもないもの」として、再点検する試みに取り組んだ。そのなかで「民主的制度にとって必要な基本的権利は、市民の間に公平に分配されるべきである」と説いているところに目を向けたい。

既成政治家やその後継を目指す親族の者たちが、自分たちの選挙上の優越的地位に立って、被選挙権の囲い込みを図るのは、民主政治のもとでの政治家にふさわしいあり方ではない。

同様のことが、佐藤観樹前議員の「名義借り問題」をきっかけに再燃した公設秘書問題についてもいえる。公設秘書もまた、国費によってまかなわれる公的職務であり、その職務を目指す人々に平等のアクセスの権利が保障されるべきであろう。

政治改革は、まずもって国民に「新しい夜明け」を実感させる方向に照準を定めるべきである。

4章　未来への風感じさせる選挙を
——イメージ競争に終始した参院選

影ひそめたマニフェスト

今回の参院選（二〇〇四年）の軸となったのは、昨年一一月の衆院総選挙をにぎわしたマニフェスト競争ではなくて、マニフェスト以前の党首イメージ競争であった。

マニフェスト選挙が一過性のものであったかどうかは、まだ定かではないが、今回の選挙でマニフェストがすっかり後景に退いたのは、否みようがなかろう。

実際問題として、比例代表で当選したある民主党の候補者は、大統領制、一院制の導入などを柱とする「新憲法の制定」を選挙はがきで提案していた。公認候補が、党のマニフェストとおよそ整合性を欠いた政策を打ち出していては、マニフェストは空文であろう。

いずれにしても、今回の参院選でイメージ競争選挙を仕掛けた民主党は、「まっすぐに、ひたむきに」「正直な政治へ」といったキャッチフレーズと岡田克也代表とを結びつけて、小泉純一郎首相の言葉の「不誠実さ」を際立たせる作戦に打って出た。

このイメージ競争では、「人生いろいろ」発言や「多国籍、入籍しても日本籍」といった川柳を借用しての軽口の応答、「この程度の約束を守れなかったのは、大したことではない」と開き直った昨年の国会での発言などの相次ぐ不用意な言葉の発信者としての小泉首相に、分が良かろうはずがない。

とにかく、この党首イメージ競争の中で、選挙公報や新聞での選挙広告での自民党のいささかもったいぶったキャッチコピー「この国を想い、この国を創る」のトーンと、民主党がここぞとばかり際立たせた小泉首相のマイナス・イメージとのギャップが、大方の格好の揶揄《やゆ》の対象になったのは、是非もない。

過去の人気投票にあらず

選挙の結果、民主党は、比例代表選挙ばかりでなく、選挙区選挙でも、得票率で自民党を上回った。まずは、民主党の作戦勝ちというところであろう。

しかし、同時にここで注目しなければならないのは、この選挙結果が民主党の出番を明確に告げるものではなかったことである。

民主、自民両党の獲得議席数が五〇対四九であったところに読み取るべきは、有権者のためらいであろう。有権者にとって、主役交代のキューを出すには、岡田代表のイメージに物足りなさが残ったのである。

たしかに、岡田代表の愚直・誠実のイメージを前面に出した民主党のねらいは、党首イメージ競争では効果的であったが、このような資質は、リーダーにとって必要条件ではあっても、十分条件ではない。

江戸末期の儒学者、佐藤一斎が、為政者に対して「水が清すぎると魚が住めず、木が真っすぐすぎると影ができない」と説いているのは、今も変わらぬ戒めであろう。

また、党首にとって不可欠なのは、有権者に未来への風を感じさせる躍動感溢れるリーダーシップである。

「選挙は、将来についての賭けであり、過去の人気の度合いをはかるテストではない」という警句を残したのは、アメリカの政治評論家ジェームズ・レストンであったが、選挙がそのような意味をもち得るために党首に求められるのは、党の先頭に立って政治の未来へのときめきを覚えさせる言葉で有権者に語りかける能力と用意であろう。

躍進民主ですら未来に背

代表就任から、ほとんどぶっつけ本番の形で今回の選挙に立ち向かうことになった岡田代表が、この点で十分な用意を欠いたのは、やむをえないことであった。

しかし、ここであわせて指摘しなければならないのは、民主党自体の未来に背を向けたかに見える、選挙への対し方である。

今回の選挙を特徴づけたのは、いつもながらの現役引退のスポーツ選手やタレント出身、労働組合・財界団体出身の候補者に加えて、元衆院議員のくら替え候補が多かったことである。民主党の場合、比例代表当選者の七割弱が、これらの候補者によって占められた。

このかぎりにおいて、民主党は、かなりの部分で自民党的体質と五五年体制下の社会党的体質を引きずっている格好で、そこに、未来への風を感じるには、あまりに難がある。未来の政党としての民主党への有権者の留保は、このような同党の言葉と現実のあり方の間のギャップと無関係ではあるまい。

未来へのときめきを感じさせる、党首と政党の登場を、有権者はいま、固唾《かたず》を飲んで待っている。

5章　日本の民主政治はどこへ行く

――絶叫と歓呼の中の総選挙が残した問題

自民党の圧勝で終わった今回（二〇〇五年九月）の総選挙は、いわば小泉首相に始まり、小泉首相に終わったといっていい。とにかく、この選挙は、小泉首相の個性が選挙過程のあらゆる側面で前面に出たという点で、きわめて特異な選挙であった。

事の当否は別として、郵政民営化について「国民の意見を聞いてみたい」という小泉首相自らの強い意向に促されての衆院解散・総選挙での歴史的大勝利であってみれば、小泉首相が高らかに勝利宣言を行ったのは、まことに当然であろう。

これに対して、野党第一党の民主党は、小泉首相が終始舞台の中央に立ってくりひろげられた劇場型選挙戦で防戦一方となり、遂に選挙戦の主導権が握れぬままに、小泉劇場の脇役として投票日を迎えた。従来の風頼み、敵失待ちの同党の政治姿勢のツケが回ってきたというべきであろう。

国会で事あるごとに解散要求や内閣不信任案提出を口にしていた野党第一党にしては、何とも準備不足の観が否めなかったし、岡田代表にしても、日本が現在直面する重要な政策課題一般についての誠実な問題提起は評価できるが、選挙戦を通じて有権者の心に響く言葉を発することができたとはいい難い。

選挙戦のさなかに、負ければ代表辞任を公言した岡田代表は、惨敗の選挙結果が明らかになると、直ちに辞任を表明したが、岡田代表の後をうけ、自民党との二党競争の先頭に立ち、民主党の政権への道を切り開ける人材が党内にいるかどうか、はなはだ心許ない。民主党の明日は、濃霧の中にある。この中で、小泉自民党は、意気揚々と二か月後に結党五〇周年を迎える。しかし、この自民党の慶事は、この半世紀の間に四九年間にわたって政権の中枢に位置し、さらに継続してその地位にとどまることについて有権者の支持をとりつけた自民党に対する有効な反対勢力の不在を背景としている。

要するに、今回の総選挙での民主党の蹉跌は、民主党を存亡の危機に立たせているだけでなく、同時に、ときおりの政党間の政権交代による日本の民主政治の躍動的な発展に暗い影を落としているのである。

他方で、今回の総選挙は、否応なしに参議院の存在理由（raison d'être）をホットな政治論争の主題として浮かびあがらせた。

今回の選挙の直接の引き金になったのは、参議院での郵政民営化法案採決に当たって、自民党議員中の二二人が反対票を投じ、八人が棄権あるいは欠席したことによって、この法案の通過が阻止されたことであり、小泉首相は、この参議院の否決を乗り越えて、民意に直接法案への賛否を問うために、衆院解散という前代未聞の挙に打って出たのである。

二院制は、いうまでもなく両院の意見が異なることがありうることを前提としており、参院は、より長期的な視野に立ち、ときどきの民意とは距離を置いて判断するところにその役割があるとされてきた。そして、両院の意見が異なった場合には、その調整をはかる制度が準備されている。ところが、今回の衆院解散・総選挙に至る過程では、このような手続きは、いっさい無視された。

そして今度は、自民党圧勝の結果を受けて前の国会で郵政民営化法案に反対票を投じた自民党参院議員の間で「民意」に従って態度を変える動きが勢いを増してきたと伝えられる。これでは、参院は、衆院に従属することになり、参院の存在理由は失われてしまう。自らの見識・判断に背いて行動することは、参院議員の役割の否定につながる。

参院議員が、いま改めて自らに問うべきは、「二院制の意義は何か」「参院議員はいかにあるべきか」の問いであろう。

絶叫と歓呼の中でくりひろげられた選挙に幻惑され、その結果に平常心を失い、民主政治の原則を見失ってしまっては、日本の民主政治自体が危うくなる。民主政治の下での政策の実現は、民主政治の発展を促す方向で、民主政治の適切な手続きに基づいて、はかられるべきであろう。

病気を治して、患者を殺してしまっては、元も子もない。

6章　蹴散らされたマニフェスト選挙
――檄文としての含意に目を凝らせ

政策争うに短すぎる期間

今回の総選挙（二〇〇五年）は、小泉自民党の歴史的大勝利で終わったが、この選挙での敗者は民主党をはじめとする野党だけではない。もう一方の敗者は、小泉劇場型選挙に蹴散らされたマニフェスト選挙である。

マニフェスト選挙の敗因の一つが、この選挙を自民党が「郵政民営化」の是非を問う国民投票と位置づけ、この単一争点を前面に押し立てて選挙戦を主導したところにあったことは、いうまでもなかろう。たしかに、自民党もマニフェストを作成しはしたが、それは「一二〇の約束」を項目的に羅列する「お付き合い」程度のものであったのである。

もう一つの敗因は、自民党がいわゆる「刺客」候補を三二の選挙区に送り込み、有権者の関心をこれらの候補者に引き寄せたことにほかならない。テレビを中心とするメディアは、これらの候補者の一挙手一投足を伝える情報を次から次へと送り出し、いわばこれらの「刺客」候補の選挙運動の別動隊としての役割を演じた。

要するに、マニフェスト選挙は、絶叫と歓呼の中で展開された劇場型選挙にあって、結局有権者の視線を集めることがないままに終わったのである。

しかし、今回の選挙でのマニフェスト選挙の影の薄さは、これらの外在的要因だけに基づいていたわけではない。基本的敗因は、むしろマニフェスト自体にあったというべきであろう。

第一に、マニフェストが選挙戦の始まる直前に泥縄式に作成されたことである。

とにかく、一二日間という短い選挙運動期間中にマニフェストに掲げた政策メニューを有権者の間に浸透させることは、まず不可能事というべきであろう。

スローガンでも迫力欠く

また第二には、国政選挙での三度目のマニフェスト選挙で、有権者に飽きがきているところへ、民主党のマニフェストが、ガリ勉型の優等生のリポートに似て、整ってはいるが、面白みの点で難があり、明日のことは書いてあるが、一〇年後の社会についての構想がなく、有権者の琴線に触れる響きを欠いていたことである。

加えて、各紙の世論調査が岡田政権待望論の低調さを伝えている中で、「岡田政権五百日プラン」

を提示しても、いかにも絵空事の趣が強く、平均的有権者は、鼻白むほかなかったであろう。

そして第三の問題は、選挙スローガンのありようである。今日の選挙におけるスローガンの重要性については、まず議論の余地はあるまい。

イギリス総選挙のように、選挙運動が四週間前後にわたって展開される場合には、選挙戦の中で内政、外交にわたる政策全般について掘り下げた議論を戦わせることができよう。しかし、選挙運動期間が二週間に足りないわが国の総選挙では、事情がまったく違う。

とにかく、選挙運動期間が極端に短いわが国の選挙で、とりわけ重要な意味をもっているのが、マニフェストの中で掲げた政策の目標や内容を簡潔に凝縮して示したキャッチフレーズにほかならない。今回の選挙では、この点でも、民主党は、自民党に大きく水をあけられたというべきであろう。

実際問題として、民主党の「日本を、あきらめない」というキャッチフレーズは、自民党の「改革を止めるな」の迫力に遠く及ばない。

なによりも、「日本を、あきらめない」というのは意味不明で、そこから読みとれるのは、生活にくたびれた中年男のつぶやきの趣であろう。

これに対して、「改革を止めるな」は、まことに単刀直入で、「郵政民営化」の是非を問う単一争点選挙のねらいにぴたりと照準が合っていた。

有権者を鼓舞する内容に

なぜか民主党のマニフェストには、いつも有権者を鼓舞する勢いがない。

最初のマニフェスト選挙であった二〇〇三年総選挙の際のマニフェスト文書で、当時の菅直人民主党代表は、「最小不幸社会の実現」を政治の目標に掲げた。この目標に新しい夜明けへのときめきを感じる有権者はまずいなかったろう。

わが国に「マニフェスト」を最初に紹介したのは、一一五年前の第一回総選挙当時、内務省県治局長であった末松謙澄であり、末松はこの言葉に原意を生かして、「選挙檄文《げきぶん》」の訳語を当てた。

マニフェスト選挙の将来に向けて、「マニフェスト」に込められたこの含意に、いま改めて目を凝《こ》らしたい。

7章　ぬくもりのある、想像力横溢の言葉を

今年（二〇〇六年）九月の自民党総裁任期の満了とともに首相の座を降りることは、小泉首相自身がかねてから公言してきたことであり、五年余りにわたり、第二次世界大戦後の日本の内閣としては、吉田茂、佐藤栄作両内閣に次ぐ長期政権となる小泉内閣は、いよいよその終幕がせまってきた。新年とともに、ポスト小泉への動きが一段と活発化することは、もはや不可避の成り行きであろう。

いずれにしても、小泉退陣によって、日本政治が一つの大きな分岐点に立つことになるのはまちがいない。なによりもまず、小泉内閣は、善かれ悪しかれ首相の強烈な個性によって導かれてきたのであり、昨年九月の総選挙以降では、選挙での圧勝を背景に、小泉首相のリーダーシップは、「王侯的」の観さえ呈してきた。この小泉首相のあとでは、誰が首相の地位につこうと、否応なしに政治スタイルは大きく変わらざるをえまい。

加えて、政治スタイルの変化は、世論の圧力によってさらに促されることになろう。なるほど、昨

年の総選挙で、獲得議席数では、自民党が圧勝したが、それは、勝った政党の勝利が議席数の点で誇張されるという小選挙区制効果によるものであり、国民の間での自民、公明両党の支持勢力と非自公支持勢力とは、むしろきわめて拮抗的であった。実際に、比例代表選挙では、得票数は、自公の三四八八万票に対して、非自公は三二九四万票で、自公の方が一九四万票多かったが、小選挙区での得票数についてみると、自公の三三五〇万票に対して、非自公は三四五七万票で、非自公の方が一〇七万票多かったのである。

要するに、国論はまさに二分していたのであり、もし小泉首相が主張したように、この総選挙を郵政民営化についての国民投票と位置づけるとすれば、この投票での有権者の反応は、賛否いずれとも判定しがたいものであったのである。

さらに、二〇〇六年は、単に政治的分岐点であるだけでなく、日本政治の背景としての日本社会の一つの大きな節目の年でもある。人口推計によると、日本の人口は、二〇〇四年にピークに達し、翌年から減少に転じ、一〇年後の二〇一〇年代半ばまでに一八〇万人前後の減少が見積もられている。そして、六五歳以上の高齢者は、この一〇年間に人口中で五人に一人から四人に一人へと増加する。

このような大きな分岐点に立つ日本政治の行方を占う好個の機会として注目されるのが、小泉退陣から程ない二〇〇七年の春から夏にかけて相ついで行われる選挙にほかならない。一つが、東京、北海道、神奈川などの一一都道県での知事選を含む四月の統一地方選挙であり、もう一つが、七月の参院選挙である。そして、その中で問われるのが、この分岐点での舵取り役を演じるべき首相のあり方であり、ポスト小泉政治においてとりわけ重要なのは、次の二点での首相の対応であろう。

一つは、二一世紀日本政治へのグランド・デザインの提示である。ここでの基本的課題は、人口減少高齢社会のデモクラシーの構想にほかならない。国の政治は、危機の際の国や県の緊急の援助をあてにして、三年、四年刻みの政策計画で運営される市町村の政治とは、根本的に違う。分岐点に立つ日本の政治にとっての必要事は、三〇年、五〇年、さらには一〇〇年の先を見越した「国家百年の計」である。

ポスト小泉の首相に求められるもう一つの条件は、ぬくもりのある言葉で国民に語りかける発信能力と説明能力である。国論二分状態の今日、これらの能力の重要性は、自明であろう。小泉首相は、「人生いろいろ」という戯れ言葉を頻発して、自らが「勝ち組」に属することを誇ってきたが、国の最高リーダーが他者へのぬくもりのある言葉をもたない社会は、荒涼として望みがない。また、説明能力を支えるのは、他者への想像力であり、ひとりよがりの言動は、民主政治のリーダーに適さない。

政権が、ひたすら大衆に媚び、もっぱら人気取りに関心を寄せ、次の時代の構想に目を覆うポピュリスト政治家の手中に落ちてしまっては、日本政治は、分岐点に立って行方が定まらず、右往左往することになりかねない。ポスト小泉への政権交代期前夜の今、強く望みたいのは、時代の求めに果敢に応じる意欲と能力を備えた日本政治の新しい舵取り役としての首相の登場である。

III　社会に先立つ一歩なるべし

1章　早稲田と政治——五人の先達の志と足跡

1　早稲田の原点としての政治

早稲田が一二四年前に東京専門学校として発足したとき、その特色は、「政治の学校」であることでした。慶応は、理財を中心にした「経済の学校」でしたし、その他の私立学校は、いずれも「法律の学校」でした。今年（二〇〇六年）創立一二五周年を迎えた明治大学は、明治法律学校として発足しましたし、早稲田より三年おそく一八八五年に発足した中央大学は、英吉利法律学校としてスタートしました。

他方、早稲田より五年早く創設された東京大学では、当初政治学は文学部に属していましたが、一八八五年に法学部に移りました。そして、担当者は、最初はアメリカ人のアーネスト・フェノロサ、次いでドイツ人のカール・ラートゲンで、日本人の政治学担当の専任教授が誕生したのは、ようやく一九〇一年になってのことでした。要するに、東京大学で政治学は、法律学の周辺に位置づけられていたといっていいでしょう。また、京都大学の創立は、東京大学より二〇年あとの一八九七年ですが、ここでの法学部の前身である法科大学の発足は、さらに二年あとの一八九九年のことで、法律学を中心とするカリキュラム編成でした。

これに対して、東京専門学校では、創立の当初から政治学と経済学とを結びつけて、法律学科とは別個の政治経済学科が設置され、最初から日本人教員が政治学を担当しました。それだけではありません。同時に注目に値するのは、政治学が、東京専門学校で首座を占めるべき科目として位置づけられたことです。東京専門学校の創設に当たって中心的な役割を演じた一人である高田早苗は、一九一九年四月に早稲田の学生に対して行った講演で、この間の事情について、こう述べています。

「政治学と云ふものを一の独立の学科として大学の一の専門にしたと云ふのは此早稲田大学を以て嚆矢とするのである。私が出ました東京大学に於ては政治学なるものは他の学科の一部分であった。又今日の帝国大学に於ては政治学なるものは法律科の食客であると申して宜しい。然るに此早稲田大学、即ち其当時の東京専門学校を創立するに当たりまして、私は特に大隈侯爵其他の方々に御相談をして政治学なるものを最初より独立の一科とした。独立の一科としたのみならず之を以て早稲田大学の総ての学科の中心と見做すべきものとしたと云ふ訳である。」

高田については、次に立ち入ってお話しますが、一八八二年の東京専門学校の創設に参画し、大隈を助けて東京専門学校の基礎を築いた建学の祖の一人です。キャンパス中央の大隈像のわきの座像の主が、この高田ですが、大隈像と高田像は、早稲田の創立五〇周年を期して、いまから七四年前の一九三二年に建立されたものです。

このような背景で、早稲田は、日本の政治に大きな足跡を残した人材を数多く送り出してきました。この場合、単に政治家だけに目を向けたのでは、日本の政治で早稲田が果たしてきた役割を適切にとらえることはできません。同時に目を向けるべきは、早稲田の政論家、ジャーナリストと政治学者が果たしてきた役割です。なお、政論家というのは、今日の政治評論家と呼ばれる人々と似ていますが、政治評論家が、政治の現実の動向についての解説・論評を主たる活動としているのに対して、政論家は、政治の理論をふまえて、政治やデモクラシーの原理・原則を論じ、その視座から現実の政治を検討し、さらに進んで政治の進むべき道を示す活動に当たる者を指して、明治・大正期に用いられた言葉です。

いずれにしても、これらの三つの役割での活躍によって、早稲田は、日本のデモクラシーの発達史の中にその足跡を印《しる》してきた、その名を留《とど》めてきたのであります。時間が限られていますので、今日は、そのような活躍をした数多い早稲田の先達たちの中の五人、高田早苗、浮田和民、大山郁夫、石橋湛山、緒方竹虎の足跡を追い、これらの先達たちが残したメッセージに耳を傾けたいと思います。この五人の中で、高田と大山は、政治学者、政論家、政治家の三つの役割を担って時代を導き、浮田は、政治学者、政論家として、また石橋と緒方は、ジャーナリストと政治家として活躍し、歴史にその名を刻んできたのです。

2　日本のデモクラシーの黎明期の水先案内人——高田早苗

まず、高田早苗から話を進めたいと思います。すでに触れたように、高田は、東京専門学校の創設に参画し、開校と同時に講師として教壇に立ち、草創期早稲田の政治学の中心的存在として活躍し、一九〇九年度をもって講義担当を降りるまで、二八年間にわたって政治学分野の科目の講義を続けました。担当した科目は、憲法史、英国憲法史、帝国憲法、国会法、政治学、国家学原理など、きわめて多岐にわたります。なお、高田が一九〇九年度で講義を打ち止めにしたのは、一九〇七年に四七歳で初代の早稲田大学学長に就任し、学長職と教員の両立が困難になったからです。

ところで、高田は、講師に就任してから五年目の一八八七年八月に『読売新聞』初代主筆に就任し、東京専門学校での講義と読売での論説執筆とを並行させて大車輪の活躍をするようになります。そして、高田は、主筆に就任するとただちに紙面改革に乗り出しましたが、その改革の柱の一つが、「憲法及び国会法に関する通俗の問答を記載し、国会開設準備の一端となす事」であり、主筆就任のふた月後の一〇月一日から、みずからの執筆による「国会問答」の連載を始めました。弱冠二七歳の政論家・高田の颯爽とした論壇への登場です。

この連載は、三年後にせまった国会開設に向けて、国会とは何か、国会はどのように運営されるのかについて、一般の人にわかりやすく解説することを目指したもので、高田が読売主筆として掲げたモットー「新聞は、社会に先立つこと一歩なるべし、二歩なるべからず」をみずから実践した試みでした。そして、議論をQ＆Aの問答形式で進める方式をとったところにも、啓蒙政論家・高田の創意工夫がみてとれます。高田は、「国会問答」の連載第一回のまえがき文で、この点について、「明治廿三年以後永く国会の支配を受く可き同胞諸君の為に心得となる可き事柄を時々本紙に掲げんと欲す但し余の期する所は誰人にも解し易きにあるを以て問答の体裁を以て説明することとなせり」と述べています。

それでは、「国会問答」はどのように進められたかということですが、高田が問答の皮切りの問いとして掲げたのは、「国会の事を御説明下さる訳ならば先づ第一に国会といふは何の事なりや伺度候」という問いでした。この問いに対する答えはこうです。

「委細承知致し候国会が如何な物といふことは既に御承知の事と存じたれど左様ならば申上ぐ可し国会といふことを一口に申せば国の政治を相談する集会に御座候御存知の如く西洋にては政治を三つに分け政治を相談するものは相談許りを致し相談した事を行ふ者は行ふこと許りに関係

しまた行つたる政治に違背したる者を裁判する者は裁判の事許りに関係いたし候扨て国会と申すはこの三種の政治の中《うち》相談の事許りを掌る者共の集会する場所に有之」

ところで、この「国会問答」の連載は、七三回続いて一八八八年七月に終わりましたが、それから半年余りを経た一八八九年二月一一日に発布されたのが、大日本帝国憲法です。そして、これを受けて、高田は、今度はその三日後の二月一四日から『読売新聞』紙上にこの憲法の全条文についての解説を試みた「通俗大日本帝国憲法註釈」を三五回にわたって連載しました。そのねらいは、憲法の「何たるかを辨《わきま》へざる者尠からざる」といった事態に照らして、一般国民の憲法理解に資するところにあり、「国会問答」に続いての「市民のための政治学」の試みで、啓蒙的政論家高田の面目躍如というべきものでした。

もう一つ挙げておきたいのは、一八九〇年の七月一日の第一回総選挙の直前の時期に、四回連続して『読売』紙上に掲載された公正な選挙の実現・積極的な投票参加を訴えた高田の論説です。その中の一つが、I‐1章で紹介した投票日の三日前の六月二八日掲載の「撰挙権を重ずべし」と題した論説で、棄権を戒めたわが国で最初の論説とみていいでしょうが、その論旨は、今も有意性を失っていません。

これらの論説を書いたのは、高田が二七歳から三〇歳にかけてのときですが、その思想と文章の成熟度の高さには、目を見張らずにはいられません。まさしく、高田は、名実ともに早稲田派の政論家第一号でありました。

ところで、第一回帝国議会が召集されたのは、第一回総選挙の投票日から五か月近くを経た一八九〇年一一月二五日でしたが、高田は、それからまもなく読売主筆の座を降ります。高田自身も、第一回総選挙に出馬して、当選していたからです。このときの選挙法では、被選挙年齢は三〇歳でしたから、一八六〇年四月生まれの高田は、投票日現在で三〇歳三か月で、最年少議員の一人でした。選挙区は、現在の川越市を中心とした入間郡、比企郡などを含む埼玉二区です。高田は、東京深川の生まれで、埼玉とは関係がありませんでしたが、高田の政論に共鳴した埼玉二区の人たちにかつがれて出馬することになったのです。

その後、第四回総選挙まで連続当選しましたが、第五回総選挙では八六票差で落選の憂き目をみました。続く第六回総選挙には立候補せず、第七回総選挙で復活し、第八回総選挙で六度目の当選を果たしましたが、一九〇三年一二月一一日の議会解散とともに、議員生活にピリオドを打ちました。結局、通算して、高田が議員生活を送ったのは、三〇歳から四三歳にかけての時期の一〇年間でした。

議員としての高田が果たした役割の中でとくに注目に値するのが、国会運営の方式の基礎を築くのに力を尽くしたことでしょう。高田は、東京専門学校で国会法の講義を担当し、その講義案をもとにして、国会開設の三年前の一八八七年には、『国会法』を刊行していましたし、先ほど触れた『読売』紙上での「国会問答」でも、国会運営のあり方について子細に検討しました。ちなみに、高田は、『国会法』

を著した意図についてこう書いています。

「余ハ我国ノ有志者ヲシテ国会ノ何物タルヲ識ラシメ其特例権力及執務ノ順序ヲ覚ラシメ以テ議院政治ノ準備ヲ為サシメント欲シテコノ書ヲ編タリ」

こんなわけで、高田は、当時議員の中でほとんど唯一の国会法の専門家であったのです。

ところで、高田が、一九〇三年末をもって議員生活を打ち止めにしたのは、高田が早稲田の運営の中心に立つことになり、学校行政に忙殺されることになったからでした。東京専門学校評議員会は、一九〇〇年二月の会議で一九〇二年の創立二〇年を期して大学部設置を議決しましたが、翌月に高田は学監に推され、その準備のための総指揮をとることになります。学監というのは、校長の筆頭補佐役で、学校行政実務の最高責任者です。そして、高田の大童の活動によって、準備は予定どおり進み、一九〇二年一〇月に東京専門学校は大学部を設置して早稲田大学と改称し、再発足することになったのです。

その後、高田は、先程触れましたように、一九〇七年四月に大隈総長の下で初代学長に就任し、早稲田大学の実質上の最高指導者の地位に就き、一九〇九年度をもって講義担当からはずれることになりましたが、それまでの二八年間にわたる政治学の研究者・教員としての活動においても、高田は、時代を切り開く役割を演じ続けました。

政治学者としての高田は、同時代の英米政治学の積極的な導入・紹介に当たり、わが国の政治学の発達への基礎を築くという時代的役割を演じましたが、その中でもっとも大きな貢献として挙げられるのは、一八九四年八月に東京専門学校出版部長に就任した高田が、自らの発案で企画して刊行した「早稲田叢書」を通じてのアメリカ政治学の紹介です。この「叢書」は、高田自身が翻訳して一八九五年に刊行したウッドロー・ウィルソンの『政治汎論』を皮切りにフランク・グッドナウ、ローレンス・ローウェルなど当時のアメリカ政治学界を代表する政治学者の著作を矢継ぎばやに翻訳出版しました。

ここで目を見張らせられるのは、翻訳書の選定に当たっての高田の目利きぶりです。グッドナウの『比較行政法』の翻訳が出たのは一九〇〇年でしたが、その三年後にグッドナウは、アメリカ政治学会の初代会長に就任し、ウィルソンは、翻訳書刊行から七年後の一九〇二年にプリンストン大学総長に、さらにその七年後にアメリカ政治学会会長に就任し、さらにそれから三年を経た一九一二年にアメリカ大統領に当選しました。

しかし、同時に見逃せないのは、政治学の教員としての高田の活動です。なかでも注目に値するのは、高田が擬国会という政治学教育における新機軸を打ち出したことです。擬国会というのは、法律の学生が行う模擬裁判の政治版で、学生が国会議員や閣僚の役割を演じて国会運営を実習する模擬国会のことです。この試みは、わが国の国会開設の翌年一八九一年から高田の音頭とりで開始され、最初は国会演習という名称でしたが、やがて擬国会と呼ばれるようになり、また早稲田議会とも呼ばれましたが、政治学や経済学の主立った教員も参加して、閣僚としての教員と議員としての学生、与党議員としての学生と野党議員としての学生などの間で、活発な政策論議が展開されました。

ちなみに、擬国会の試みは、第一高等学校でも行われましたが、少なくとも二つの点で早稲田の擬国会が一頭地を抜いていたといえるでしょう。一つは、開始時期で、一高の擬国会の開始は、東京専門学校より七年おそい一八九八年です。もう一つの点は、継続期間で、早稲田の擬国会は一九二一年ころまでおよそ三〇年間にわたって続けられましたが、一高の擬国会は、一九一五年ころまでの一七年間で終息したとみられています。

そして、三つ目の点は、一高の擬国会は、弁論部のサークル活動で学生だけで行われていましたが、早稲田の擬国会は、教員と学生との共同作業で、全学的な行事として行われ、現職の有力政治家たちも、積極的に参加して議論に加わったことです。

しかし、学生が政策論議に熱心に取り組んだという点では、早稲田と一高の擬国会は、共通していました。とにかく、当時の学生たちが、普通選挙実施、死刑廃止あるいは年度予算など時の重要政策課題をめぐって、与党、野党に分かれて議論を闘わせたということには、政策論がほとんど消えてしまった今日の大学での政治学の状況に照らして、目を見張らさせられます。そして、高田は、このような政治学教育の発想者であり、実践者でした。

いずれにしても、高田は、このようにして政治とのかかわりで、多面的な分野でリーダーシップをふるい、時代を導く役割を演じたのです。このゆえにこそ、高田は、早稲田政治学の歴史の中で、「早稲田政治学の父」と位置づけられてきたのです。

3 大正デモクラシー運動の旗手――浮田和民と大山郁夫

ところで、すでに触れたように、高田が、一九〇七年に早稲田大学の初代学長に就任し、大学行政での多忙の度がますます高まる中で、一九〇九年にはいっさいの講義担当を降りるに伴って、高田が担当していた政治学の中心科目としての「国家学原理」の講義を引き継ぎ、さらに近代政治史、政治哲学などの科目を担当して、早稲田の政治学の中心に位置することになったのが、浮田和民です。

政治学者としての浮田は、ウォーラス、リップマン、ラスキなどの政治学をも視野に入れ、同時代の欧米の政治学の最前線に目を凝らしました。このような活動から指摘される浮田の政治学の特徴の一つは、政治学と社会学を連関させたことですが、もう一つの特徴として挙げられるのは、高田がアメリカ政治学の紹介に力を注いだのに対して、浮田がイギリス政治学にも積極的な関心を寄せたことです。

このような浮田の政治学の背景にあったのが、文明協会編集長として「文明協会叢書」の出版を主導した活動です。文明協会は、大隈の「東西文明の融和」を目指す文明運動の推進母体として一九〇八年四月に設立され、その活動の軸となったのが、世界名著の翻訳出版で、高田が主導した「早稲田叢書」が、一九〇九年に実質的に打ち止めになったのと入れ代わる形で、ほぼ同様な目的をもって発足したのが「文明協会叢書」です。

この叢書によってわが国に紹介された著作の中には、ミヘルスの『政党社会学』やリップマンの『世論』などが含まれますが、ミヘルスの『政党社会学』の邦訳は、原著刊行の二年後に刊行され、リップマンの『世論』の邦訳は、原著刊行の翌年に刊行されました。同時代の学問の流れを的確にとらえ、今日では社会科学の中の古典として位置づけられているこれらの著作の意義をいち早く見抜いた浮田の眼力は、高田の場合と同様に傑出していました。

浮田が文明協会編集長をつとめたのは、一九〇八年四月から一九二七年五月までの一九年間にわたりましたが、このような政治学者としての活動と並行させて、浮田は、時代をリードする政論家としても活発に活動しました。その主舞台となったのが、当時の代表的な総合雑誌『太陽』です。結局、浮田は、政治学者としてだけでなく、政論家としても、高田の役割を引き継いだといっていいでしょう。浮田は、「憲法政治の完成、選挙制度の刷新を期する事」を『太陽』主幹就任の条件としましたが、この立場は、まさしく『読売新聞』主筆として高田が打ち出した立場と重なるものでした。

浮田が『太陽』主幹に就任したのは、一九〇九年一月ですが、それから一九一七年六月まで八年余りにわたって、『太陽』の毎号の巻頭論文を執筆しました。そして、自由主義を基調として独自の論点を提起した浮田の論説は、小気味よい文章の切れ味と相俟って、大正デモクラシー前期の論壇をリードしました。

たとえば、一九〇九年四月一日号の「第二〇世紀の憲法政治」と題する巻頭論文は、浮田の基本的政治観を提示したものでしたが、ここでとくに注目されるのは、浮田が、多数決という近代デモクラシーのゲームのルールに異議を申し立てていることです。浮田にとって、「今日の如く数多の利益若くは意見ありて複雑を極むる時は、多数の利益のみならず、又た少数者の利益を保護し、特に社会の最少数者たる個人の利益をも保護す可きことは、社会公共の為めに最も重要な要件」と考えられたからです。

また、浮田が、「天皇機関説論争」が展開されているさなかの一九一二年一〇月一日号の巻頭論文で、この論争について「美濃部博士が天皇は国家の最高機関なりと言つたので頗る不敬なる用語を為したものとせられて居るが学問上の研究に用ゆる言葉には元来敬不敬の論を挟《さしはさ》む可きものでない。それは全く別問題である」と論じているところにも、自由主義政論家・浮田の面目が躍如としています。

そして、吉野作造が青年時代を回顧する文章の中で、「其頃早稲田大学の浮田和民先生は毎号の『太陽』の巻頭に自由主義に立脚する長文の政論を寄せて天下の読書生の渇仰《かつぎょう》の中心となって居た。私も之には随分と惹きつけられた」と書いているところにうかがわれるのは、浮田の政論への当時の知識層の対し方の断面とみていいでしょう。

まさに、浮田は、大正デモクラシー前期を代表する論壇の雄でした。そして、この浮田が一九一七年六月に『太陽』主幹を降りて、客員に退き、さらに二年後に『太陽』発行元の博文館から身を引くのと入れ替わる形で論壇に登場したのが、大正デモクラシー後期を代表する政論家として目覚ましい活動をした大山郁夫です。大山は、早稲田が大学部を設置した一九〇二年に大学部政治経済科に入り、一九〇五年に首席で卒業した大学部の第一回卒業生でしたが、大山が政論活動を開始したのは、一九一〇年から四年間の米欧留学を終えて帰国した翌年、三五歳のときで、主舞台は、『中央公論』と『我等』の二雑誌でした。

ちなみに、大山が長谷川如是閑らと政論雑誌『我等』を創刊したのは、一九一九年二月のことで、浮田和民が『太陽』から完全に身を引いたのは、それから四か月後のことでした。このことは、大正デモクラシー運動の旗手交代を示す象徴的な出来事で、大正デモクラシー期を前期と後期に分かつ分岐点ともなりました。

ところで、大山は、その政論活動を通じてデモクラシーの発展へ向けての論陣を張りましたが、とりわけ当時台頭しつつあった社会集団の政治的役割を積極的に評価し、さらにこのような「集団過程の政治的意義に立脚する多元的国家観――それは、将来必ず、政治学説の主潮となるべき運命を担ふ日を見るだらう」と論じました。大山の論点は、デモクラシーの全般にわたっていますが、今からちょうど九〇年前の一九一六年六月に発表した次のような論説は、政治の公開主義を説いて、今もそのまま通用するみずみずしさです。

「現今廟堂に立って堂々天下の大勢を論ずる輩《やから》より、下っては地方自治団体の小吏に至るまで、大多数は皆、抑へ難き物慾の支配を受くる点に於ては、街頭の凡俗と択ぶ所なき尋常人である。少くとも爾《しかく》仮定するのが安全である。蓋し政治はどこまでも人のために人がする政治であるからである。故に何かの奇蹟に依りて一朝人性が根本より改造せらるゝに至らざる限りは、政治が公開主義の下に行はれざる時には、腐敗涜職は永久に之と離れ去らざるべきものであると覚悟せねばならぬ」

ところで、大山のこのような政論家としての活動の土台となったのは、政治学者としての研究・教育活動でした。先程触れたように、大山は、一九一四年一一月に四年間の海外留学を終えて帰国しましたが、その二か月後の一九一五年一月に教授に就任し、同時に政論活動もスタートさせたのです。大山が担当した科目は、国家学原理、政治学史、政治哲学などでした。しかし、二年半後の一九一七年九月には、教授を辞職して大阪朝日新聞に入ります。ところが、三年半ほどして一九二一年四月には、また早稲田大学教授に復帰し、国法学、政治学、政治学研究などの科目を担当しました。そして、この間の一九一九年二月には雑誌『我等』を創刊させたのですから、その多忙さは推して知るべきでしょう。伝えられるところによると、政論執筆に追われた大山は、講義の時間にしばしば二〇分、三〇分と遅刻しましたが、学生たちは不平もいわずに待っていたそうです。大山の講義は、書き終えたばかりの原稿に基づくもので、雑誌『我等』などに発表される前の大山の政論を一般読者に先立って直接に聞くことができることに、学生たちはわくわくしていたのです。

そして、『我等』や『中央公論』に発表した論説を中心にしてまとめて本にしたのが、一九二三年の『政治の社会的基礎』と、一九二五年の『現代日本の政治過程』ですが、いずれも日本の政治学の発達史の中で大正期を代表する著作として位置づけられていることは、改めて指摘するまでもないでしょう。出版からすでに八〇年余りが経ちましたが、その斬新さは、今なお古びないタイトルからだけでも、十分にうかがわれます。

いずれにしても、大山は、『現代日本の政治過程』を出した翌年一九二六年一二月に、かつがれて労働農民党中央委員長に就任し、ひと月後の一九二七年一月に早稲田大学教授を辞任しました。政治家・大山の誕生です。そして、大山は、一九二八年二月総選挙で香川二区から立候補しましたが、はげしい弾圧を受けて落選、次の一九三〇年二月総選挙では、東京五区から立候補して、今度は当選を果たします。しかし、その政治活動への政府の弾圧がきびしさを増す中で、遂に、大山は、一九三二年三月に渡米して、亡命生活に入ることになります。大山の無産政党のリーダーとしての活動は、五年余りで途絶えてしまったわけです。

第二次世界大戦が終わって、大山が帰国したのは、終戦から二年余りを経た一九四七年一〇月二三日でした。アメリカでの亡命生活は、一五年に及んだわけです。帰国して五日後の一〇月二八日に大隈講堂で帰国歓迎大会がありました。私は当時、第一早稲田高等学院の一年生で、超満員の大隈講堂で、通路で立ちんぼのまま大山の演説を聞いたことを、今も鮮明に覚えています。

翌年四月に大山は、政治経済学部教授に二一年ぶりに復帰しましたが、在任は三年間だけでした。一九五一年三月に、七〇歳定年で退職したからです。大山は、その半年ほど前の参院選で京都地方区から立候補して当選し、平和運動の先頭に立って政治家としての活動を再開しました。しかし、一九五五年一一月末に脳血栓で倒れ、大山は、出入りのはげしい人生を終えました。

いずれにしても、大山の活動がもっとも光彩を放ったのは、大正デモクラシー後期でした。この時期に、大山は、政治学者としては、リアリズムの立場に立つ新しい政治学の唱導者として、政論家としては、大正デモクラシー運動の代表的イデオローグとして、さらに政治家としては、無産政党のリーダーとしてわが国の歴史に大きな足跡を残しました。

このようにして、大正デモクラシー期は、前期には浮田和民が、後期には大山郁夫が、時代を拓く先導者としての役割を演じました。大正デモクラシー期は、早稲田の時代であったのです。

4　激動の昭和に身を挺して――石橋湛山と緒方竹虎

このような早稲田の時代としての大正デモクラシー期を背景にして、早稲田からジャーナリズム界に進み、第二次世界大戦後には、政治家として指導的な役割を演じたのが、石橋湛山と緒方竹虎です。そして、今年は、二人にとってそれぞれに想起されるべき年です。緒方は、一九五六年一月二八日に急性心臓衰弱のため、亡くなりました。つまり、今年は緒方の没後五〇年です。そして、その一一か月後の一二月二三日に成立したのが、石橋内閣です。いいかえますと、今年は、早稲田の卒業生として最初の総理大臣となった石橋の内閣誕生から五〇周年の記念の年でもあります。

ところで、早稲田では、石橋の方が、緒方より先輩です。石橋は、早稲田が東京専門学校から早稲田大学へと改称されてからの第三回卒業生で、文学科（哲学専攻）を一九〇七年に首席で卒業しました。緒方が専門部政治経済科を卒業したのは、四年あとの一九一一年です。また、年齢も、石橋が一八八四年生まれで、一八八八年生まれの緒方より、四歳年上でした。しかし、ジャーナリズムでの活動は、二人が同じ年にスタートさせました。まず、石橋が、東洋経済新報社に入社したのが、一九一一年一月ですが、その一〇か月後の一一月に、緒方は、大阪朝日新聞に入社しました。

その後、二人は、競い合うかのように、それぞれの社内で統率者として急速に頭角を現すようになります。石橋が、東洋経済新報社取締役に就任したのは、三七歳であった一九二一年で、一九二四年には主幹に、一九二五年一月には四〇歳で代表取締役兼専務取締役に昇任しました。これに対して、緒方は、一九二三年に三五歳で東京朝日の政治部長、一九二五年に三七歳で東京朝日の編集局長になり、さらに一九三六年に四八歳で代表取締役に就任しますが、石橋は、その五年後の一九四一年に東洋経済新報社代表取締役社長の地位に就きました。このようにして、二人は、一九二〇年代半ば以降、わが国のジャーナリズム界の最高のリーダーの地位を占めたのです。

この間にあって、石橋は、リベラリズムの立場に立って、『東洋経済新報』誌上に硬骨の論陣を張り、大正後期から昭和初頭期にかけてのわが国で声高に論じられ、大きな影響力をふるった、「日本本土以外に、領土もしくは勢力範囲を拡張」しようとする政策を軸とする「大日本主義」の危険について警鐘を鳴らし続けました。石橋は、列強が過去において獲得した領土は、漸次独立すべき運命にあるのであり、また「いくら他国の領土の広いことが羨しくとも、いまさらその真似をすることが出来ぬとすれば、わが国はよろしく逆に出て、列強にその領土を開放させる策を取るのが、最も賢明の策であり、それにはまずわが国から開放政策を取って見せねばならない」と説いたのです。

石橋がこの議論を提起したのは、一九二一年の七月末から八月初めにかけて、『東洋経済新報』に三回にわたって連載した「大日本主義の幻想」と題する社説においてでしたが、その後今日までの八五年間の国際政治の展開をみれば、石橋の議論の先見性に目を見張らずにはいられません。

他方で、緒方は、三〇歳代の半ばから担った朝日新聞の統率者としての役割が際立っておりましたので、その政論家としての活動については、これまであまり注意が払われてきませんでした。しかし、緒方もまた、リベラリズムとデモクラシーの旗を掲げた大正デモクラシー後期の言論を担う論客の一人でした。このような緒方の立場を鮮明に示している一つが、『東方時論』の一九二二年九月号に掲載されている「世界の大勢の上の朝鮮問題」と題する論説ですが、緒方はここで、石橋の主張と重なる立場に立って、「セルフ・デターミネーションを求むることは、（第一次世界大戦の）戦後に起こつた新運動を一貫した精神である。この自由を求むる運動が澎湃として起こつた時これを否定する理由は毫もないと思ふ。少くとも主義としてはその運動の正義を認めなければならぬと信ずるものである」と論じ、このとき三四歳であった緒方は、この主張に基づいて自らが「朝鮮独立論者」であることを宣言したのです。

ところで、一九四〇年代半ばの第二次世界大戦の終結をはさむ時期に、石橋と緒方は、相ついで国政の場に登場することになります。言論界のリーダーとしての二人の声望の高さのゆえですが、同時に二人が将たる器の風貌を備えていたことも、おそらく無関係ではなかったでしょう。とにかく、二人の風貌は、明治以来のわが国の政治リーダーの中でも、際立っています。

まず、緒方が国政に直接的に参画した最初は、一九四四年七月に国務大臣兼情報局総裁として小磯内閣に入閣したときでした。さらに、第二次世界大戦終戦直後の一九四五年八月一七日には、東久邇内閣の国務大臣兼内閣書記官長兼情報局総裁に就任します。敗戦という日本の未曽有の難局に立ち向かう役割は、まさに余人をもって代えがたい緒方の役割でした。ところが、一九四六年八月に公職追放となり、一九五一年八月の追放解除までの五年間蟄居を余儀なくされましたが、追放解除になると、政界は、待ちかねていたかのように、緒方を国政の中心に誘《いざな》いました。そして、一九五一年一〇月に行われた総選挙で擁立された緒方は、故郷の福岡第一区で当選し、選挙後に成立した第四次吉田内閣に副総理兼内閣官房長官として入閣し、その後一九五三年、一九五五年の総選挙で続けて当選し、第五次吉田内閣でも副総理に就任します。

この間の一九五四年一二月に自由党総裁に就任していた緒方は、一九五五年一一月の自由党と民主党の保守合同による自由民主党の結党に当たっては、鳩山一郎、三木武吉、大野伴睦とともに総裁代行委員に就任し、鳩山が、自民党内閣の首相として政務を担当し、緒方が、党務を担当することになりました。緒方が、鳩山のあとをうけて首相に就任することが暗黙の了解とみられていたのです。ところが、緒方は、そのわずか二か月後に急性心臓衰弱で急死してしまいました。

これに対して、石橋が国政に参画するようになったのは、一九四六年の総選挙で東京第二区から立候補して落選した石橋が大蔵大臣として迎えられた第一次吉田内閣においてです。ところが、石橋は、占領軍の指令で翌年五月に公職追放となり、一九五一年六月の追放解除まで、四年間にわたって公的活動を禁じられました。しかし、追放解除の翌年一九五二年一〇月の総選挙で静岡二区から当選してすぐさま国政の舞台の中央に復帰した石橋は、一九五四年の第一次鳩山内閣で通産大臣に就任し、第二次、第三次の鳩山内閣でも、引き続き通産大臣をつとめました。そして、一九五六年一二月一四日に自民党総裁選挙で当選して、石橋は、鳩山一郎のあとをうけて、第二代自民党総裁に就任します。緒方が急死しなければ、緒方が就くものと考えられていたポストでした。

しかし、政界一寸先は闇といいます。運命のいたずらはこれで終わりませんでした。石橋は、鳩山内閣の総辞職をうけて、自民党総裁として一九五六年一二月二〇日に国会で首相に指名され、一二月二三日に石橋内閣が発足します。そして、そのちょうどひと月後の一九五七年一月二三日に、早稲田出身の最初の総理大臣としての石橋の総理就任祝賀会が大隈庭園で開かれました。ところが、真冬の寒い日であったので、七二歳の石橋は風邪をひき、翌日に肺炎で倒れてしまい、なかなか快復せず、遂にひと月後の二月二三日に総辞職のやむなきに至り、六三日間の短命内閣の幕を閉じることになってしまったのです。

江戸末期の儒学者の佐藤一斎が、文政七年（一八二四年）に著したのが、随想録として有名な『言志録』ですが、一斎は、その中で「天定の数は、移動する能わず」と述べています。「天が定めた運命は、これを動かしたり変えたりすることはできない」といった意味ですが、緒方と石橋が歩んだ道を顧みるとき、私は、この一斎の言葉を反芻せずにはいられません。それにしても、緒方と石橋が輿望を担いながら、その経綸を十分にふるう機会をもたないまま終わってしまったことは、早稲田にとってだけでなく、日本の政治にとって、まことに痛恨の極みというほかありません。

5 早稲田政治家の条件

さて、駈け足で五人の早稲田の先達たちが日本の政治の中で果たしてきた役割についてみてきました。これらの五人に共通しているのは、日本のデモクラシーの発展へ向けての盛んな発信力と想像力であり、また政治の現実へ向けての旺盛な批判精神でした。早稲田の建学の志は、まさしくこのような人材を日本の政治と社会に送り出すことでした。

石橋湛山は、八〇歳を超えてから『週刊東洋経済』に寄せた文章で「私が、いまの政治家諸君をみていちばん痛感するのは、『自分』が欠けているという点である。『自分』とはみずからの信念だ。自分の信ずるところに従って行動するというだいじな点を忘れ、まるで他人の道具になりさがってしまっている人が多い。政治の堕落といわれるものの大部分は、これに起因すると思う」と書いていますが、さらに首相に就任して二週間ほど経て行った全国遊説第一声で石橋が次のように述べているところにうつし出されているのは、まさしく早稲田政治家の真骨頂といっていいでしょう。石橋は、こう演説したのです。

「民主政治というものは非常にむずかしいものであります。民主政治は往々にして皆さんのごきげんを取る政治になる。国の将来のためにこういうことをやらなければならぬと思っても、多くの人からあまり歓迎せられないことであると、ついこれを実行することをちゅうちょする。あるいはしてはならないことをするようになる。こういうことが今日民主政治が陥りつつある弊害である」

そして、さらに石橋は、こう言葉を継いでいます。

「私どもが四方八方のごきげん取りばかりしておったなら、これはほんとうに国のためにはなりませんし、ほんとうに国民の将来のためになりません。あるいはわれわれはその場合に誤るかもしれない。誤ったらどうか批判をしていただきたい。私どもは所信に向かって、ごきげん取りはしないつもりであります」

ところで、政治家の条件について考えるとき、まずきまって挙げられるのが、マックス・ウェーバーが政治家が有すべき決定的に重要な特質とした情熱と責任感と判断力です。たしかに、これらの三つの特質を備えていない政治家は、欠陥政治家というべきでしょう。マックス・ウェーバーがこう指摘したのは、一九一九年一月二八日にミュンヘンで学生のために行った「職業としての政治」と題する講演においてでしたが、興味深いことにその三か月後に高田早苗は、早稲田の学生に対して早稲田の政治教育のあり方を主題とする講演を行い、その中で高田は、Ⅰ‐3章で触れたように、指導者の条件として、第一に多少の哲学思想をもち、第二に広く世界の歴史に通じ、第三に文学趣味を有し、さらにそれから演繹され帰納された政治学について健全な該博な知識をもつことを挙げました。

ちなみに、高田は一八六〇年の生まれで、ウェーバーは一八六四年の生まれですから、二人は、ほぼ同世代人といっていいでしょう。

いずれにしても、ウェーバーと高田の指導者論は、相互に背反するものではなく、相互に補完するものというべきでしょう。ウェーバーの情熱と責任感と判断力は、高田の求める哲学思想、歴史、文学についての豊かな素養に裏打ちされてこそ、その輝きを増すものであることは、疑いをいれません。そして、今日お話してきた五人の早稲田の先達たちが、これらの点で抜きんでていたことは、すでにご理解いただけたことと思います。私としては、早稲田の政治家の条件に、さらに志と発信能力と批判精神を付け加えたいと考えますが、これらの資質は、政治家だけに求められるのではありません。早稲田の政治学者にとっても、政論家にとっても同じです。

2章　社会に先立つ一歩なるべし

——高田早苗・早稲田への夢と志

1　早稲田一二〇周年と高田早苗

今年（二〇〇二年）は、早稲田が東京専門学校として発足してから一二〇年、早稲田大学と改称してからちょうど一〇〇年です。この早稲田が東京専門学校から早稲田大学へと発展していく際に、中心的・指導的な役割を担ったのが、高田早苗でした。早稲田の建学期の三人のリーダーを早稲田三尊と呼びます。高田と坪内逍遙と市島謙吉です。坪内については、とくに説明の必要はないと思います。市島は、高田と形影相伴うといった親しい関係にあり、経営実務の面で草創期の早稲田を支えました。ちょうど一〇〇年前の一九〇二年には、図書館長に就任し、それから一五年間その任にありました。これらの三人の建学の父たちは、ほぼ同年の一八五九、六〇年の生まれでしたが、その筆頭格が高田です。

申しあげるまでもありませんが、早稲田のキャンパス中央の大隈さんの銅像のかたわらに高田の座像があります。この二つの銅像は、早稲田の創立五〇周年を記念して、昭和七（一九三二）年にできました。除幕式は、同時に一〇月一七日に行われました。いいかえますと、今日は、大隈さんと高田の銅像ができてからちょうど七〇周年の記念日でもあります。そんな背景で、今日は、高田の足跡を確かめながら、早稲田の今後を考える手がかりについて考えてみたいと思います。

話を進める前に、ここで高田の生涯を簡単にみておくことにします。高田は、先程も申しあげましたように、一八六〇年（安政七年）に生まれ、一八八二年に東京大学文学部哲学政治学及理財学科を卒業いたします。当時の東京大学では、政治学は文学部の中にありました。東京大学で政治学が現在のように法学部に所属するようになりましたのは、高田が卒業してから四年後の明治一九（一八八六）年に帝国大学令によって、東京大学が帝国大学になり、そのおりに政治学が法科大学の中に移されたときからです。

東京大学卒業と同時に、高田は、東京専門学校の設立に参画することになります。東京専門学校の開校は、明治一五（一八八二）年一〇月二一日ですが、この時、高田はまだ東京大学の卒業証書（学位証書）を受けておりませんでした。例年七月に行われる卒業式が、この年にはコレラ流行のために延期され、ようやく一〇月二八日になって学位証書授与式が行われたからです。それは、東京専門学校開校の一週間後のことでした。

東京専門学校開校と同時に、二二歳の高田は、欧米史、憲法史、行政法、社会学、さらには貨幣論、租税論などの科目を担当して、教員生活をスタートさせましたが、五年後の明治二〇（一八八七）年には、読売新聞主筆に迎えられ、連日のように『読売』紙上に論説を発表することになります。さらにそれから三年を経た明治二三（一八九〇）年七月には、第一回衆議院議員総選挙が行われましたが、高田は、この総選挙に埼玉県第二区（川越を中心とする入間郡、比企郡などの地域）から立候補し、当選します。当時の被選挙権年齢は三〇歳でしたから、三〇歳三か月の高田は、最年少議員の一人でした。その後高田は、さらに五回当選し、都合一〇年間にわたって議員として活動しましたが、これらの活動は、いずれも東京専門学校講師として講義の担当を続けながら行われたのです。

そんな中で、高田は、東京専門学校の運営の面でも中心的な役割を担うようになり、明治三三（一九〇〇）年には、東京専門学校学監に就任します。今日の言葉でいえば学長ということになるでしょうが、七年後の明治四〇（一九〇七）年に校規が改められて総長、学長の地位が設けられ、大隈が初代総長、高田が初代学長に就任しました。高田は、一九一五年八月に第二次大隈内閣の文部大臣に就任するまで、八年間学長をつとめました。そして、大隈が一九二二年一月に亡くなった翌年に総長・学長の二本建て制が総長制に一本化され、一九二三年五月に高田が総長に就任し、一九三一年六月まで在任しました。この間に、先程触れたように、一九一五年八月から翌年一〇月の大隈内閣総辞職までの一年二か月にわたって文部大臣をつとめました。

高田は、総長を辞してから七年を経た一九三八年一二月に満七八歳で亡くなりました。奇《く》しくもこの年は、大隈の生誕一〇〇年の年であり、一〇月二五日にはその記念祭が行われました。高田は、いわばそれを見届ける形で、そのひと月余り後に亡くなったわけです。高田は、一九世紀を四〇年、二〇世紀を三八年生きました。いいかえますと、高田の生涯は、一九世紀と二〇世紀にほぼ折半されるわけで、一九世紀と二〇世紀に架ける橋の役目を担った生涯ということになります。

このようなめぐり合わせで、高田が演じた役割には、「最初の」「はじめての」「初代の」といった修飾語がつくことが多いのですが、それはまた、後に触れますように、高田が、社会に一歩先立つことをモットーとして、時代の一歩先を歩む生涯を生きたからでもありました。とにかく、高田は、第一回総選挙で当選した最年少議員の一人でしたし、読売新聞で主筆制度が確立してからの初代主筆であり、早稲田の初代学長でした。また、高田は、一九二五年三月二二日に東京放送局でラジオの仮放送が始まった翌日に「新旧の弁」と題する講演を放送しましたが、これは日本におけるラジオでの最初の講演でした。

こんなわけで、高田は、まことに広範にわたるさまざまな分野で先駆者として活躍しました。そのために、高田の人と業績の全体像を俯瞰する視野に入れることは容易ではありませんし、いままでそのような試みは、ほとんどなされてきませんでした。このたび刊行された『高田早苗の総合的研究』（早稲田大学大学史資料センター編、二〇〇二年）は、そのような欠落を埋めようとする共同作業の成果です。ここではその全体をご紹介する時間はございません。そこで、今日は三つの点から高田の足跡をたどり、それが今日のわれわれに語りかけるものについて考えてみたいと思います。

一つは、東京専門学校出版部の発足に当たっての高田のリーダーシップであり、とりわけ一八九五年一〇月から刊行開始となった「早稲田叢書」の生みの親として果たした高田の役割です。二つ目は、政治学教育上の新機軸としての擬国会・早稲田議会の創始者・指導者としての高田であり、三つ目は、教養教育の重視を持論とした高田の教育観です。

2　東京専門学校出版部と「早稲田叢書」

ご存知のように、現在、日本の多くの大学が大学出版部（ユニバーシティ・プレス）をもっています。しかし、その大半は第二次世界大戦後に発足いたしました。東京大学のユニバーシティ・プレスとしての東京大学出版会の設立は、昭和二六（一九五一）年ですし、京都大学のユニバーシティ・プレスとしての京都大学出版会の発足は、ようやく平成元（一九八九）年、一三年前のことです。

これに対して、早稲田の出版部の発足は、東京専門学校設立当初のころにさかのぼります。出版部のはじまりは、東京専門学校の創立から四年経った一八八六年の講義録の刊行であるとされていますが、このときは外部の人にまかせた委託出版のようなものでした。出版部が東京専門学校の直営になったのは、一一一年前の一八九一年のことで、ここに東京専門学校出版部が実質的に発足することになります。そして、一九〇二年に東京専門学校が早稲田大学に改称するのに伴って、出版部も、早稲田大学出版部と改称されたのです。いいかえますと、早稲田大学出版部は、今年名称を改めてから一〇〇周年を迎えたことになります。早稲田大学出版部は、大学出版部として日本でもっとも古い歴史をもつだけでなく、日本の出版界全体の中でも、もっとも古い歴史をもつ出版社の一つです。

ところで、市島謙吉は、高田の没後まもなくの時期に書いた高田を悼む文章の中で、「君は学校経営の余力をもって、学校に附属出版所を起し」と書いていますが、実際に東京専門学校出版部の発足に当たって中心的役割を果たしたのが、高田でした。そして、高田は、一八九四(明治二七)年には三四歳で出版部の部長に就任し、直接的に出版部の指揮をとることになりますが、そのリーダーシップの下で企画され、翌年一八九五(明治二八)年一〇月三〇日に刊行開始となったのが、「早稲田叢書」です。

わが国の出版における「叢書」のはしりとして位置づけられるこの「早稲田叢書」の皮切りは、ウッドロー・ウィルソンの『国家』の日本語訳としての『政治汎論』でしたが、訳者は高田自身でした。それから一九〇九年二月刊行の『英国殖民発展史』に至るまでの一四年間に、全部で四三点の著書・

訳書が、「叢書」として刊行されました。なお、『英国殖民発展史』の著者は、オックスフォード大学の初代の殖民史担当の教授であったヒュー・エドワード・エジャートンで、邦訳者は永井柳太郎です。後に政治家として活躍することになる永井柳太郎は、邦訳刊行当時、早稲田大学留学生としてオックスフォード大学に留学中でした。

ところで、この「早稲田叢書」は、単にわが国の出版における「叢書」のはしりであることだけに意味があるのではありません。同時に指摘されるべきは、この「叢書」が、一九世紀末から二〇世紀初頭期の欧米の最先端の社会科学のパノラマを形成していることです。四三点の刊行書中の二四点は、英米独仏露の学者の著作の邦訳ですが、原書の大半は、同時代の欧米の指導的な社会科学者による話題作でした。高田らの邦訳のための原書の選択眼の確かさには、目を見張らされます。

「叢書」の皮切りとして高田自身が翻訳した『政治汎論』の著者ウィルソンは、後のアメリカ大統領ですが、邦訳が出版されたときは三九歳で、プリンストン大学の新進気鋭の政治学者でした。邦訳が出てから七年目の一九〇二年、ちょうど今から一〇〇年前ということになりますが、ウィルソンは、四六歳でプリンストン大学総長に選任され、さらにそれから一〇年を経た一九一二年に大統領に当選します。「叢書」の一冊として二番目に刊行されたのが、アルフレッド・マーシャルの『経済原論』です。マーシャルが、ケンブリッジ大学の経済学者で、二〇世紀の世界の経済学をリードすることになる経済学のケンブリッジ学派の創始者であることはいうまでもありません。

このマーシャルの邦訳が出たのが一八九六年ですが、続いて一八九七年にジョン・N・ケインズの『経済学研究法』が刊行されました。訳者は、早稲田の最初の経済学者で、草創期のわが国経済学界を代表する経済学者としての地位を占め、この訳書の刊行から一八年後の一九一五年に、高田のあとをついで早稲田の第二代学長に就任する天野為之です。また、原著者のジョン・ケインズは、二〇世紀を代表する経済学者ジョン・メイナード・ケインズの父親で、マーシャルと親交のあった経済学者として知られています。

いいかえますと、「早稲田叢書」は、ケインズの名を日本に最初に紹介したわけですが、当時は、このケインズの発音がわからなかったようで、「キーエンス」と表記されておりますので、ケインズのことと気づかずに見すごされていることが多いかと思います。とにかく固有名詞の発音はなかなかやっかいですので、天野為之が不正確に表記してしまったのもやむをえないところです。ロンドン郊外にミルトン・キーンズという都市があります。このキーンズはケインズと同じ綴りですが、私が現地で確認したところでは、発音は、キーンズでした。なお、ケインズの原書のタイトルは、『経済学の範囲と方法』です。

ところで、これらの邦訳書について注目に値するもう一つの点は、翻訳がすぐれていることでありますす。今日の目からみましても、かなりの水準といっていいと思います。「早稲田叢書」には、どの刊行書にも「早稲田叢書出版の趣意」という文章が掲げられていますが、そこにこういう一節があります。

「泰西の諸著述を翻訳するは固より新奇の事業にあらず　然れども従来の翻訳書中其の或者は既に陳腐にして参考と為すに足らず　或者は翻訳杜撰にして解読し難きものあり　本校こゝに観る所あるが故に　原書を選択するに当り其著述の価値を精査せるは勿論又成る可く新著述を撰べり。」

そして、この文章は、こう続いています。

「翻訳は正確ならんことを勉め且平易明瞭を旨とせり　其当否に就ては其署名の翻訳者責を負ふのみならず　本校も亦其責に任ぜんとす。」

この「出版の趣意」は無署名ですが、当時の高田の役割や文章の調子からして、高田が書いたものと思われますが、とにかく翻訳の出来ぐあいについては、訳者だけでなく、東京専門学校も責任を負うというのですから、まさに意気や壮とすべきですが、実際に、翻訳はいずれもかなりの出来栄えです。

ところで、「早稲田叢書」がまずこれらの翻訳書の出版に力を注いだのは、当時の日本の学問の状況からして不可避のことでした。高田にしても、東京大学を卒業してすぐ二二歳で教壇に立つことになったのですから、研究の蓄積がありませんでした。しかも、東京専門学校は、日本語で講義をする学校として発足しましたから、学生のために日本語で書かれた参考書を提供する必要があったのです。

この点について、「早稲田叢書出版の趣意」は、こう書いています。

「邦語教育は教場教育なり　修学者一旦教場若くは講義録を離れて別に研究を為んとするに当っては　彼の参考書なるもの大概蟹行文字にして邦語を以て編れたるもの殆んと有る無し　これ豈学問の進歩に関する一大欠典にあらずや　思ふにこれを補ふの途他無し　先輩の学者著述を勉むるにありと雖も　其捷径は先進諸外国の名著を翻訳して之を紹介するにあらん　是れ我専門学校が今度政治法律経済に関する翻訳書を出版するの一大理由なり。」

いずれにしても、二〇世紀に入るころになりますと、事態に変化が出てきました。そして、「先輩の学者」の著述が、「早稲田叢書」から相ついで刊行されることになります。わが国の大学で自前の学問がようやく発展してきたわけです。結局、「早稲田叢書」から一九点の日本人の学者の著作が刊行されましたが、それらの大半は、早稲田関係の教員の著作です。ここでは、それらのうちの二冊の話題作を挙げておきたいと思います。

一冊は、安部磯雄の『社会問題解釈法』です。この著作は、一九〇一年に出版されましたが、「社会問題に関する鳥眼観を与ふる」ことを目的としたもので、「貧困の起因」「慈善事業」「教育事業」などに視座を設定して、二〇世紀の政治が取り組むべき政策課題の配置とその問題状況を照射し、さらにそれらの課題の「根本的改革」策を論じたもので、まさに二〇世紀の社会科学が目指すべき方向を明快に打ち出したものでした。

触れておきたいもう一冊は、その翌年の一九〇二年、つまりちょうど一〇〇年前に出た煙山専太郎の『近世無政府主義』です。この著作は、科学的な立場から無政府主義を研究した先駆的な業績ですが、煙山は、その意図についてこう述べています。「近時無政府党の暴行実に惨烈を極め聞くだに膽《きも》を寒からしむる者あり然れども世人多く其名を謂ふを知て其実を知らず　本編聊か此欠乏に応ぜんことを期する者なり。」執筆当時煙山は、東京帝国大学の学生でしたが、この研究の価値をいち早く読みとった早稲田の外交史担当の教員であった有賀長雄の推薦で「早稲田叢書」から出版され、さらに出版の五か月後の一九〇二年九月に、二五歳の煙山は、早稲田大学講師に迎えられ、やがて早稲田の歴史学の牽引車的役割を担うことになります。

こんなわけで、「早稲田叢書」は、一九世紀末から二〇世紀初頭にかけての時期に、同時代の欧米の社会科学を精力的に紹介するとともに、わが国における社会科学のフロンティアに立つ著作をつぎつぎに送り出しました。そして、終始この「叢書」の牽引車役を演じたのが、自らもこの「叢書」から五冊の邦訳書を出した高田であったのです。

3　政治学教育の試みとしての擬国会

高田の足跡の中で、今日触れたい第二の点は、擬国会の創始者として高田が果たした役割です。「早稲田叢書」での高田の役割は、日本の学問研究の発展への牽引車的性格をもつものでしたが、擬国会の創始者としての高田について注目されるのは、政治学教育における新機軸の提起者として演じた役割です。高田は、「学理と実際の密着」というところに早稲田の学問と教育のねらいを定めていましたが、擬国会は、まさしくそのような高田の考え方の具体化への試みでした。

法律の分野ですと、今でも模擬裁判というのがあって、法律専攻の学生が、そこで裁判官や検事、弁護士などの役割を演じて裁判を実習しますが、いわばその政治学版が、擬国会、模擬国会です。要するに、学生がそこで議員や閣僚などの役割を演じて政治家の仕事を実習するという試みですが、高田は、一八八八（明治二一）年一〇月にまず「国会法演習」という授業の形でこの模擬国会を始めました。記録によると、この演習で「議員任期中財産上ノ資格ヲ失ヒタル時尚期限間勤続シ得ルヤ否ヤ」などを議案として、学生が賛成派・反対派に分かれて四時間ほどにわたって激論をたたかわしたということです。ちなみに、当時の被選挙権は、「当該府県内において直接国税一五円以上を納めている者」とされており、議案は、このことに関連していました。

いずれにしても、当時、高田は国会法の講義を担当していましたので、演習は、その実習の試みであったわけです。しかし、この演習が行われたのは、国会開設の二年前のことであり、学生が国会について十分の理解がない状態でしたので、うまくいかなかったようで、「実地演習」は、このときはこの一回限りで沙汰止みになってしまいました。

そんな中で、一八九〇年一一月に待望の国会が開設され、高田も自ら議員活動を経験します。これをうけて、一八九一年四月に高田の指導の下に、「国会演習」がスタートすることになります。今度は、形式もずっと整い、高田が議長の役を演じ、二年、三年の学生の中の一〇〇人ほどが議員となり、その他の学生が傍聴者として参加しました。このときの議題の一つは、「衆議院議員選挙法改正案」で、「選挙権の拡張」や、「女子に選挙権を与ふる事」などが討議されています。その後「国会演習」は、擬国会、早稲田議会などと呼ばれて、定例的に行われるようになり、「早稲田名物」として発展し、一九二一年ころまで続きました。

「国会演習」が始まってから五年後の明治二九（一八九六）年の「東京専門学校年報」は、「国会演習」について、「政学部学生ヲシテ議事ニ精熟セシムル為メ貴衆両院ノ議員并ニ朝野ノ名家ヲ聘シテ時々擬国会ヲ開キ政治経済ニ関スル重要問題ヲ論議シ学理応用実地研究ノ一端トナス」と報告しています。要するに、擬国会は、学生に議員や閣僚の役割を演じさせ、それを通じて政治の実際の運用についての理解を深めさせるとともに、時の政策課題についての研究を促すところにありましたが、最初期のころは、国会開設まもないころであり、代議士たちも議会の運営に不慣れでしたから、当時わが国での国会法の第一人者と目された高田の指導の下で行われる東京専門学校の擬国会には、多くの国会議員も傍聴にやってきましたし、しばしば新聞がその模様を大きくとりあげて報道しました。

擬国会の運営については、時期によって変化があります。開催の回数にしても、最初のころは年に数回開かれていましたが、一八九七年あたりから各年度一回の開催になりました。その中で、一貫して変わらなかったのは、教員と学生との共同作業で運営されたことです。主立った政治経済学科の教員が参加しただけではありません。学長や学科長も参加して積極的な役割を演じたのですから、当時の早稲田で擬国会がいかに重視されていたかがわかります。

一九一六年三月に行われた擬国会では、時の学長天野為之が内閣総理大臣、政治経済学科長の塩沢昌貞が議長の役をつとめ、内務大臣を安部磯雄、そしてなぜか陸軍大臣の役を大山郁大がつとめました。このときは、学生は、議員役をつとめたのです。なお、議長役をつとめた塩沢昌貞は、早稲田大学三号館の中庭にあります胸像の主ですが、一九一一年から一九一九年まで政治経済学科長、一九二四年から四二年まで第二代の政治経済学部長をつとめた早稲田育ちの第一号の経済学者で、今日の政治経済学部の基礎を築いた先生です。ちなみに、早稲田に学部制度が導入されたのは、一九一八年の大学令による認可をうけて、大学令に基づく早稲田大学になった一九二〇年のことで、初代の政治経済学部長に就任したのが、安部磯雄でした。

また、一九一九年の擬国会では、内閣の閣僚には、首相のほかは学生が就任することになり、首相役をつとめた第三代学長・平沼淑郎（一九一八—二一、経済史）の下で外務大臣に就任したのは、政治経済学科三年で、後に政治経済学部の教授になる久保田明光でした。この擬国会で、学生外相・久保田は、「外交方針ニ関スル説明」を行い、その演説を颯爽とこう結んでいます。

「すでに述べたように、我政府は実にデモクラシーの根本精神に従ひ、人類の公平及平等を目的として、恒久平和確立の為に出来得る限り尽力せんとするものなれば、諸君に於いてもこの趣旨を諒し、我国の世界的地位確立に努力あらんことを切望するものなり」

この擬国会が開かれたのは、大正八（一九一九）年二月一六日ですが、それから九日後に原敬内閣は、衆議院議員選挙での有権者の納税要件を従来の一〇円から三円に引き下げ、小選挙区制を導入する衆議院議員選挙法改正案を議会に提出しました。大正デモクラシーの真っ盛りの時代です。二一歳の学生久保田の演説の中に投影されているのは、まさしくその時代です。

ところで、擬国会について注目に値するもう一つの点は、当然のことながら政策論議が活発に行われたことであり、またその議論が、時代への問題提起能力をもっていたことです。先程、一八九一年の「国会演習」で「衆議院議員選挙法改正案」が議題になり、「選挙権の拡張」や「女子選挙権」が議論されたことについて触れましたが、当時直接国税一五円以上とされていた納税要件は、一九〇〇年の選挙法改正で一〇円以上と改められることになります。国会演習での議論は、それに九年先立ち、実際政治の動きに問題を提起するものでした。

また、女性の選挙権についての議論は、まさに先駆的な問題提起でした。この点での学生たちの議論に直接影響を与えたのは、おそらく高田であったでしょう。高田は、この「国会演習」が行われた一八九一年四月二二日からひと月あとの五月二八日付で出版した『通信教授政治学』の中で、J・S・

ミルの『代議政治論』（一八六一年）での議論をなぞりながら、こう論じています。

「蓋し男女の別に由りて選挙権の有無を決するは、猶ほ躯幹の長短頭髪の黒赤に由りて之を決するが如し　天下何物か之より不正なるあらんや　元来一国の人民は政治の影響を被ること均一なるが故に　撰挙の権亦均一ならざる可らざるは論を俟たず　若又之を被るに大小軽重の差異ありとせん乎　余は将さに云はんとす　其最も重大なる影響を被る者は男子にあらずして女子に在りと　何となれば女子は男子に比すれば其身体軟弱にして保護を要すること一層多ければなり。」

学生たちが「国会演習」で女子選挙権を討論の対象としたのは、おそらく高田のこういった議論に触発されてのことであったろうと思われますが、いずれにしても、女子選挙権が日本の大学で議論のテーマとしてとりあげられたのは、おそらく「国会演習」が最初ではないかとみられるのです。

その後の擬国会で議題としてとりあげられた政策課題の中に含まれるのは、軍備緊縮、死刑廃止、普通選挙実施などですが、これらの課題をめぐっての擬国会での論議について同時に注目されるのは、傍聴者として参加する一般学生や学外からの傍聴者を前にして、教員と教員、教員と学生、学生と学生の間で活発な論戦がくりひろげられたことです。当時の学生にとって、これほど刺激的な知的訓練の場は、ほかにはなかったのではないでしょうか。とにかく、教員も学生も、擬国会への参加を通じて現実の政策課題に目を向け、政治学の総合能力を鍛えられたのです。大正初頭期の擬国会で活躍した学生の一人で、後に日本経済新聞の社長をつとめた小汀利得は、卒業してから半世紀余り後に出した自伝的著作の中で、学生時代の擬国会での活動を回想しながら、こう書いています。

「ぼくの早稲田時代の一つの思い出に『擬国会』がある。擬国会は、『早稲田議会』ともいい、当時の早稲田名物であった。当時のおもな議題は、憲法論では天皇機関説のほか『国有鉄道払い下げに関する建議案』その他外交、経済、社会問題を大まじめで論議し、その内容は学内ばかりでなく、大新聞にも報道され、社会的にも大いに人気を博したものである。ぼくが卒業する大正四年の早稲田議会は、総理大臣に天野為之、その他閣僚に大山郁夫、浮田和民、永井柳太郎氏ら十一人の大物が顔をそろえ、ぼくは急進党の院内総理で大いに暴れまくった。」

小汀のこういった回想は、学生生活の中で擬国会がいかに大きな意味をもっていたかを如実に示しているといっていいでしょう。

この小汀の一年後輩に出井盛之がいました。出井は、ソニーの出井伸之会長の厳父ですが、一九一六年に政治経済学科を卒業し、オタワ大学やシカゴ大学に留学した後、早稲田で教壇に立ち、商学部教授、政治経済学部講師として経済政策、国際経済学などを担当しました。出井はまたこの間にジュネーブの国際連盟の国際労働機関の国際労働事務局調査部に六年間勤務した国際人でしたが、早稲田在学中には擬国会で活躍し、一九一六年の擬国会では副議長役を演じました。また、出井よりさらに二年後輩で、擬国会で活躍した学生の一人が、後の読売新聞社社長務台光雄です。

さて、こんな次第で、早稲田の学問と教育のあり方を「学理と実際の密着」に求めた高田にとって、擬国会は、そのような立場に立つ政治学教育のまさに好個の実験場でした。そして、その試みは、人材輩出という成果を残して、一九二一年ころ実り多い三〇年の歴史の幕を閉じたとみられるのです。

4 「先陣に進む」人物養成への教養教育

ところで、「擬国会」に軸足を置いた政治学教育といいますと、高田が、実務教育重視の教育方針に立っていたと思われるかもしれません。事実において、擬国会で活躍した学生たちの中から大勢の代議士が生まれ、またジャーナリズム界のリーダーが育ちました。しかし、高田の意図は、実務教育にあったのではありません。先程来《らい》申し上げていますように、高田は、「学理と実際の密着」を早稲田の学問と教育の旗印として掲げました。高田は、一〇〇年前の一九〇二年一〇月一九日（日）に行われた早稲田大学開校式での学監としての演説で、「学理は学理、実際は実際と云ふが如き教育法にあらずして、実際の為に学理を研究する」という方針を明確に打ち出し、さらに続けて「受験的教育と云ふことは成る可く之を避けて」「人物を養成すると云ふ事」を早稲田の教育の目標として提示したのです。

そして、このような立場から高田が主張したのは、実務教育の対極に立つ教養教育の重視でした。

早稲田大学開校から一年余り経った明治三七（一九〇四）年二月に勃発したのが日露戦争ですが、この戦争は一年半後の明治三八（一九〇五）年九月に終結します。そして、その翌年五月に、高田は、社会教育会に招かれて「戦後の日本は如何なる人物を要するか」と題する講演を行いました。高田がこの講演で強調したのが、リベラル・エデュケーションの重要性です。高田にとっては、リベラル・エデュケーションこそが、「真正の意味における高等教育」でした。高田は、こう述べています。

「どうしても趣味教育が必要、文学で趣味教育をやって、シッカリした事は政治学で習ふ、之をもっと奨励すると大分青年が今より一層結構になるであらうと思ふ、倫理の基礎の上に立った『リベラル・エジュケーション』それが稍々腹に這入って人物教育が出来上って、それに加ふるに技師的教育即ち専門教育があると鬼に金棒となるのである。」

この講演は、早稲田の外部の人たちを対象として行われたものでしたが、それから二〇年ほど経った一九二七（昭和二）年一〇月に、高田は、総長として早稲田の教職員の会合で、同様の趣旨を展開する講演を行いました。講演の題目も、高田の年来の持論を明快に示す「早稲田大学今後の方針と教養教育の必要」でした。

ところで、このような高田の持論と関連するのが、早稲田大学教旨です。大隈講堂を背にして正門左手のところにある石碑に刻《きざ》まれているのが、この教旨ですが、今ではほとんど誰も目をとめなくなっているかもしれません。この教旨は、早稲田大学のあり方の基本方針を示すものですが、早稲田の創立三〇周年記念式典のおりに大隈総長自らが発表しました。一九一三年一〇月一七日のことです。実際の創立三〇周年は、前年の一九一二年でしたが、その年の七月三〇日に明治天皇が亡くなられたために、記念式典は、一年延期されて開催されました。一〇月二一日でなくて、四日くりあげて行われたのは、たぶん二一日が火曜であったためでしょう。一七日は金曜日でした。とにかく、今日からちょうど八九年前のことです。

この教旨が掲げている早稲田の教学の基本方針は「学問の独立」「学問の活用」「模範国民の造就」の三点です。この教旨の草案は、坪内逍遙、浮田和民、塩沢昌貞らの教旨起草委員会によって作成されましたが、その内容は、当時学長をつとめていた高田の持論を色濃く反映させたものとみられています。実際に、先程触れた一九〇二年の早稲田大学開校式での高田の演説が行われたのは、「教旨」が発表される一一年前のことでしたが、この開校式での高田演説のポイントは、まさにこの三点にありました。

この演説で、高田は、第一の学問の独立について、「東京専門学校が起りました二十年以前には専門の学問は英語、仏語もしくは独逸語を以てなすべきものと定まっていた　これでは学問の独立なるものはおぼつかない、我日本人も日本語を以て凡ての高等の学問をなさねばならぬ」と説き、第二の学問の活用については、先程来くり返し触れたように、「学理と実際の密着」という角度から論じ、実際のために学理を研究する必要にとくに注意を喚起したのです。さらに第三の「模範国民」の造就については、これも先程も触れましたが、高田は、こう述べています。「所謂受験的教育と云ふことは成る可く之を避けて模範的国民を造ると云ふ大体の方針が宜くはあるまいかと思ふ　殊に成るべく人物を養成すると云ふ事が　大学なる者の目的であると思ふ。」

ところで、この「模範国民の造就」と関係するのが、教養教育です。そして、この点についての高田の年来の考え方を総括する形で論じたのが、高田が、一九二七年、早稲田大学創立四五周年の年に、「早稲田大学今後の方針と教養教育の必要」と題して行った講演です。この講演で、高田は、「模範国民」という言葉は、元来高田自身の「新造語」であるといい、模範国民を「世界的友愛心と立憲的愛国心とを持った高い高い意味の教養ある通人」と定義しています。模範国民といいますと、修身臭さがあり、お説教的に聞こえますが、高田の含意は、そういったたぐいのものではありませんでした。そして高田は、模範国民を「一般国民を率ひて立つ人間」といいかえ、さらに、「率ひる」という言葉に語弊があるならば、「先陣に進む」人間といってもいいと述べています。いずれにしても、高田によると、こういった人間「高い意味の教養ある通人」を造るために必要なのが、ほかならぬ教養教育でした。

高田の考えによると、この教養教育の中心を形成するのが、文学、哲学、歴史の教育でした。高田は、この講演で文学と他の学問との関係についてこう述べています。

「専門学術でも基礎の狭いのはいけませぬ、専門家もピラミッドの様に基礎を築かなければならぬ　頭ばかり高くて下が狭ければ小さな地震でも倒れてしまう　法律学でも経済学でも充分に広く学んで其広いのが段々狭く高くなっていって始めて大学者が出来る　早稲田大学としては専門学術の根底を深く教へて　其枝葉のことは自分で研究させる　斯くして残った時間を教養の方に廻す　例へば政治経済学を修める者にも文学趣味を持たせる　文学専攻のものにも政治学的知識を与へる　法学商学理工学の如きものを修める人々にも政治知識や文学趣味のある様に教育する。」

こうして高田は、結論的にこういうのです。「早稲田大学は専門的知識と教養的能力とを併せ有って身を立て国家に尽し、而して世界を愛し　而して有趣味であり上品である人間を造らなければならぬ。」

高田は、この講演より八年前の大正八（一九一九）年四月に、早稲田の政治科の学生を主対象として行った講演で、Ⅰ－3章やⅢ－1章でも触れたように、模範国民として一般国民を率いるには、「先づ第一に多少の哲学思想を有ち、第二に広く世界の歴史に通じ、第三に文学趣味を有し、而して夫れから演繹され帰納されたる政治学に付いて健全な該博なる知識を有」たなければならないと学生に説きましたが、さらにこのような方向での教育が、早稲田で十分な成果をあげてこなかったとして、自らの責任をも問いながらこう論じたのです。

「此早稲田大学の政治科は随分人物を出して居る。今日政界に多数の人を出して居る。有力な議員も沢山出て居る。私共皆親しく教へた人であるから　其活動を見て窃に喜んで居るのだがどうも総て未だ不完全である　まだまだ迚《とて》も此早稲田大学の政治科の名誉とするには足らない真の人物と称する者が未だ早稲田学園より一人も出て居ないと云ふことを私は諸君の前に断言する。何ぜさうであるか　之は詰り私共の責もある。此教育の方針が未だ徹底されない。模範国民を造る教育に欠点が何れかにあるから、今一層高い地歩を占めることが出来ないのではないか。」

この講演の延長線上にあるのが、早稲田の教職員に対して、教養教育の意義を改めて説き、その教育への積極的取り組みを促した「早稲田大学今後の方針と教養教育の必要」と題した講演でした。高田は、この講演を行ってから四年後に総長を辞し、半世紀にわたった早稲田生活に終止符を打つことになるわけですが、この講演について、高田が、「私の豫て思って居ることを諸君に申し上げる」といっているところからもうかがわれるように、この講演には、早手回しのフェアウェル・アドレスの趣がありますます。いずれにしても、そこで教養教育論を展開したところに、教養教育への高田の強い思いを改めて確認しないわけにはいきません。

5 社会に先立つ一歩なるべし

いままで三つの点から、高田早苗の足跡についてみてきました。「早稲田叢書」の企画刊行、「擬国会」の構想と展開、そして「教養教育論」の提起です。注目に値するのは、このような足跡を結んでいる一本の糸です。それが、高田が読売新聞の主筆として標榜した立場、「社会に先立つ一歩なるべし、二歩なるべからず」にほかなりません。

高田は、読売新聞主筆に就任するとすぐに、「市民のための国会入門」ともいうべき「国会問答」を『読売新聞』に七三回にわたって連載しましたが、それは、国会開設に先立つ三年前のことでした。時代の一歩先を行く高田の面目躍如というべきです。ちなみに高田は、国会開設の前年明治二二（一八八九）年にわが国における修辞学の開拓的著作と位置づけられる『美辞学』を出しましたが、そこで文章のあり方について論じ、「学者と共に考へ俗人と共に談ずべし」と説き、「思想は深遠なるべく談話は平易なるべしと云ふの意なり」と注釈を付しています。「国会問答」は、そういった高田美辞学の実践でした。

さらに、「早稲田叢書」の場合、まず欧米の名著の翻訳紹介によって、時代の最先端にある学術世界に読者の目を開かせ、また「擬国会」によって、学問と実際の接点を教員と学生に検討させるといった試みは、まさに「一歩社会に先立つ」学問と教育のあり方についての高田の考え方の具体化でした。

そして、高田は、それらの試みの目標を「先陣に進む」べき人材の養成においたのです。そのような高田の考え方をさらに端的に示しているのが、高田の地方自治の強調でした。高田は、東京専門学校発足当初の講義ですでに地方自治の重要性を論じていますが、一八九一（明治二四）年七月の第八回卒業生の送別会での演説で、高田は、卒業生に向かって「成るべく地方に往け」と呼びかけ、こう論じたのです。

「知識分配の失当は、実に国家の大患なりといふべし　知識の中央首府に集まりて地方の光景日々に寂寥たるに至れるは　中央集権の結果固よりやむを得ずと雖も　この分にて打捨て置かば日本といふ国家脳充血となること受合なり。」

ところで、一二〇年前の東京専門学校開校式での演説で、三〇歳の小野梓は、日本語による講義の意義を説き、「一国の独立は　国民の独立に基ひし　国民の独立は其精神の独立に根さす　而して国民精神の独立は実に学問の独立に由る」と論じました。この小野演説は、その響きと論旨の点で、アメリカの哲学者エマーソンが一八三七年に母校ハーバードで行った「アメリカの学者」と題する講演を思い起こさせます。後に「アメリカの知的独立宣言」と評されることになるこの講演で、三四歳のエマーソンは、「われわれの依存の時代、他の国々の学問に対するわれわれの久しい年季は、いま明けに近づいています」と説き、アメリカの学問のヨーロッパの学問からの独立を訴えたのでした。

そして、高田が語っているところによると、小野梓に対して、日本語による講義の構想を進言したのは、高田であるとのことですが、高田がエマーソンの講演を知っていたかどうかはわかりません。高田が東京大学で教えをうけたフェノロサは、エマーソンと同じハーバードの哲学の出身でしたから、あるいは講義の中でエマーソンについて触れることがあったかもしれません。また、ここでもう一つ興味をそそるのは、エマーソンが、東京専門学校が発足した一八八二年の四月に亡くなっていることです。

それはともかくとして、日本語による講義の方針を打ち出した高田が外国語の学習をないがしろにしたわけではありません。むしろ、その逆でした。先程触れました日露戦争終結の翌年に行った「戦後の日本は如何なる人物を要するか」と題する講演で、高田は、リベラル・エデュケーションの重要性を強調すると同時に、「世界を舞台として働く道具として」「外国語学を奨励して往かなければならぬ」と論じました。高田にとって、この場合の外国語の学習のポイントは、「話すやうに書くやうに」ということでしたが、この点をさらに明快に論じたのが、それから二〇年後の昭和二（一九二七）年の講演「早稲田大学今後の方針と教養教育の必要」においてでした。

高田は、この講演で「英語は世界語に近い」のであり、「どうしても是れから日本人は世界を股に掛けて歩かなければならぬ。それには少しでも英語が出来なければ一足だって外へは出られませぬ」と説き、「どうせ日本人は亜米利加人や英吉利人の発音の様に発音は出来ぬ、それが当然である、ブロークンでも已を得ないから唯だ話すべしだ、又どんな間違った文章でも書くが宜いのであります。其うちには何とかなる」と論じ、英語を話す、書く力を学生につけさせる方向での英語教育の改革を提起したのです。ここにも社会の一歩先を歩み、先陣に進む人材を社会に送り出す教育を旨とした高田の姿勢がよくうかがわれると思います。

あれこれ申しあげてきましたが、高田の足跡をたどりながら今後の早稲田、あるいは日本の大学のあり方を考える手がかりをみつけたいというのが、今日の私の意図でした。話の中で、早稲田の創立二〇周年、三〇周年、四五周年などのおりに高田が行った講演について触れましたが、高田は、「学園創立記念の五年目毎位」には大隈を想い、早稲田の原点を再確認する必要があると述べ、その記念の年ごとに早稲田の創立のころを振り返り、早稲田が今後進むべき道について考えをめぐらしたのです。

冒頭に申しあげたように、今年は、早稲田創立一二〇周年、早稲田大学としての出発から一〇〇周年、大隈、高田の銅像が建立されてから七〇年の記念の年です。そんなわけで、高田のひそみに倣いますと、今年は、早稲田の原点を再確認し、早稲田の明日を考えるのにもっともふさわしい年というべきではないでしょうか。私どもがこのたび刊行いたしました『高田早苗の総合的研究』を、ほかならぬそのような作業の一つとして受けとめていただければ幸いです。この記念の年に当たって高田とともに問うべきは、早稲田はどこに立つべきや、早稲田の学問はいかにあるべきや、早稲田はいかなる人材を社会に送り出すべきや、などの問いですが、私どもの研究は、こういった問いへの高田の取り組みについての検討を試みたものです。

高田は、一〇〇年前の早稲田大学開校式での演説で、「二〇世紀の陣頭」に立つ人材の養成を早稲田の目標に掲げました。今あげた三つの問いへの果敢な応答をふまえて、早稲田が、「二一世紀の陣頭」に立つ人材を輩出させる大学としてさらなる発展を続けることを期待しながら、私の話を終わりにさせていただきます。

3章　議会研究の現状と展望

1　岡目八目で

ご紹介をいただきました早稲田の内田でございます。お招きをいただいて参上しましたが、ひごろ現実離れの空理空論に明け暮れておりますので、国会の中で国会の運営に実際にかかわっておられる皆様方に対して役に立つ、意味のある話ができますかどうかなんとも心許ない思いですが、あるいは、皆様方はあまりに身近に国会を見ておられますので、見すごしておられることがあるかもしれません。

とにかく岡目八目ということもあろうかと存じますので、ひごろ考えておりますことを申しあげ、ご批判をいただければ幸いです。また、いただきました論題は、「議会研究の現状と展望」という大へん大きく、硬い論題で、昼下がりのお疲れのときに恐縮ですが、このテーマがまさしく今日のわが国の国会と政治学が直面する最重要の問題状況と直結していることは、まちがいありません。しばらくの時間、空理空論におつきあいいただければ幸いです。

2　議会研究の三古典と日本の国会研究事始め

ところで、英米での議会研究の始まりについては、いろいろな考え方がありうると思いますが、現代政治学における議会研究の源流を形成するものとして重要なのは、一八六一年に出たJ・S・ミルの『代議政治論』、一八六七年に出たウォルター・バジョットの一般には『イギリス憲政論』『イギリスの国家構造』などと訳されている『イギリス政治構造論』、そして一八八五年に出たアメリカのウッドロー・ウィルソンの『アメリカ連邦議会政治論』です。これらの三著作は、議会研究の出発点を画する政治学上の古典としての位置を占めるものといっていいでしょう。

まず、ミルの『代議政治論』は、「代議機関の本来の機能について」「代議政治につきものの弱点と危険について」「議員は公約を求められるべきか」などの章を含んでいますが、そこには今日の議論につながる論点が随所にみられます。たとえば、わが国の時の問題である議員の公約の問題について、ミルは、こう論じています。

「もし、知の点で平均的選挙民よりすぐれた代表者をもつことが目的であれば、代表者がときに選挙区民の過半数と意見を異にすること、そして意見を異にした場合に、代表者の意見が二つの意見のうちで大半の場合に正しいものであるということを予期しなければならない。したがって、選挙民が、議員に議席保持の条件として自分たちの意見への絶対的同調を強要することは、賢明なことではないということになる。[1]」

一八〇六年生まれのミルの二〇歳年下が一八二六年生まれのバジョットですが、一八六七年に出した『イギリス政治構造論』で、バジョットは、「紙の上の説明」に基づくのではなく、「生きた現実」に目を向けて、[2]イギリスの議会制デモクラシーの「現実の姿」を描き出すことを試みたのです。このバジョットの著作は、いわば警句満載といった趣で、今日もなお生気に溢れたイギリス政治入門の地位を占めているといっていいでしょうが、この本が書かれたのは、アメリカの南北戦争の終結(一八六五年四月)の直後から一八六七年にかけての時期でした。そして、大統領制と議院内閣制とを比較しながら述べているつぎのくだりは、今日の日本の首相公選論への格好の警告になっていると思います。

「前代未聞の大危機に当たって、前代未聞の小人物をやとい入れるといった考え方は、われわれの目からすると、なんとも愚かなことである。たしかに、リンカーン氏は、能力の点で傑出していないにしても、正義の点では傑出した人であった。しかし、富くじに当たったことが、富くじの弁護論になるわけではない。[3]」

このバジョットの著作を下敷きにして、バジョットのキーワードに導かれて、アメリカの連邦議会の生きた現実を描き出したのが、ウィルソンの『連邦議会政治論』でした。バジョットの二〇歳年下の一八五六年生まれであったウィルソンは、「本の上の憲法」ではなくて、「実際に作用している憲法」に注目し[4]、従来の法学的・形式主義的政治学からの脱却を唱え、現実主義の立場を標榜して新しい政治学を提起しました。アメリカの二〇世紀の政治学の源流となったのが、この主張です。そして、ウィルソンは、この著作において連邦議会のすべてを説明し、連邦政治の実際の状況をできる限り明らかにしようと試みました。その検討の中で、ウィルソンは、アメリカ連邦議会の常任委員会は、議会の中の議会、小立法部であると指摘し、このような委員会の位置が、ロビイストの跳梁を招くのだと論じました[5]。

このとき二九歳であったウィルソンは、その二四年後の一九〇九年から一九一〇年にかけて、アメリカ政治学会の第六代会長をつとめました。ウィルソンがアメリカ大統領選挙で当選するのは、さらにその二年後のことです。

ところで、これらの三人の著作は、国会開設前後期にわが国の知識層の強い関心をひきました。国会開設の八年前の一八八二年に開設されたのが、早稲田大学の前身である東京専門学校ですが、この専門学校で政治学のテキストに用いられたのが、ミルの『代議政治論』であり、バジョットの『イギリス政治構造論』であったのです。また、坪内逍遙が東京専門学校の教員になったのは、開校二年目の一八八三年、今から一二〇年前のことですが、逍遥が当初担当した科目の一つは、バジョットの『イギリス政治構造論』の講読でした。

また、東京専門学校の設立に参画し、政治学教員の中心的位置を占め、後に早稲田大学学長、総長に就任することになる高田早苗は、一八九一年に『通信教授政治学』という政治学教科書を出版していますが、この本の種本の一つとなったのが、ミルの『代議政治論』でした。

さらに、高田は、一八八九年に出版されたウィルソンの『国家』を『政治汎論』というタイトルで一八九五年に翻訳出版しましたが、この訳書に掲げた「訳者序」において、高田は、こう述べています。

「余曾てウィルソンの『コングレショナル、ガバーメント』を読み思へらくこれ米国のバジホットなり識見の高邁文章の雄渾多く彼れに譲らずと。[6]」

高田が、ウィルソンとバジョットの関係を的確に理解していたことがうかがえます。そして、高田は、実際にウィルソンの『コングレショナル・ガバメント』が出版されてまもなくのころ、さっそくこの本を入手して読んでいました。高田が一八八七年に出版した『国会法』という著作には、すでにその二年前に出た『コングレショナル・ガバメント』からの引用があります。この点に触れて、高田は、『国会法』の中でこう述べています。

「頃日米国ヨリ舶載シタルうゐるそん氏著『こんぐれっしょなる、がばるめんと』ト題セル書中英仏米国会ノ模様ヲ略述評論シタル一項アリタレバ其要点ヲ訳載シテ聊カ補欠ノ料ニ充テントス。[7]」

3 「国会問答」と擬国会

ところで、国会開設期当時のわが国の高等教育機関では、一般に議会や政党などは、政治学の中心的な関心対象ではありませんでした。東京専門学校の五年前に発足した東京大学では、当初文学部に設置されていた政治学科は、明治一九年（一八八六年）に帝国大学令によって法学部が法科大学に改組されるに伴い、ここに移されましたが、政治学は、その中で官僚志望者向けの科目であり、一八八二年九月から一八九〇年五月まで政治学の担当者であったカール・ラートゲンの講義は、国法学と行政学を中心とするものでした。

東京大学法学部に二二年おくれて一八九九年に発足した京都帝国大学法科大学も、官僚養成を第一の目的としていましたし、発足時の五教授の一人であった千賀鶴太郎（一八五七〜一九一九）は、一八八三年に『政党弊害論』を著した、代表的な政党排撃論者の一人でした。千賀の『政党弊害論』は、「党派心は畢竟一時の権謀を知て遠大の治術に通ぜざるものなり」「凡そ党人は唯専ら自党の強盛ならんことを計画するを以て其目的と為し我国の安寧福祉を顧念せず」といった論調で貫かれていますが、京都帝大法科大学発足から四年後の一九〇三年に再版されていますし、[8]当時かなり広く読まれたものとみていいでしょう。

この中で、政治学を中心として設立され、イギリス型の議会制デモクラシーの主唱者の牙城の観を呈していたのが、東京専門学校です。そして、ここで中心的役割を演じたのが、ほかならぬ高田早苗です。東京専門学校では、当初から「国会法」の講義が行われていました。担当者は高田です。高田は、その講義録をもとにして先程触れた『国会法』第一巻、第二巻を一八八七年に刊行しました。国会開設三年前のことです。高田は、この本の意図について、その「例言」でこう述べています。

「余ハ我国ノ有志者ヲシテ国会ノ何物タルヲ識ラシメ其特例権力及執務ノ順序ヲ覚ラシメ以テ議院政治ノ準備ヲ為サシメント欲シテコノ書ヲ編タリト雖モ未タ学ンテ精《くわし》シカラサレハ疎漏ノ虞《おそれ》ナシト謂ヒ難シ謹ンテ大方ノ批判ヲ仰キ漸次刪正《さんせい》（修正）スル所アラントス。[9]」

また、高田は、この本が出版された翌年、明治一八（一八八五）年度に「立憲機関論」という科目を担当しています。国会開設五年前のことです。あるいは、これが「国会法」講義であったのかもしれませんが、この科目の学年末試験に出されたのはつぎのような三問でした。[10]講義の内容をうかがわせるものでしょう。

第一　普通撰挙を用ひて害無からんことを欲せば如何なる方便に依るを適当とするか

第二　上院組織の最良法如何

第三 憲法とは何ぞや

ところで、『国会法』は、第一編「国会ノ組織」、第二編「国会ノ特権及法権」、第三編「国会ノ権力及作用」、第四編「二院ノ通信及国会ト他トノ関係」、第五編「国会ノ議事手続」、第六編「委員会及其作用」、第七編「議案ノ経過」、第八編「弾劾」という構成で叙述される予定になっていました。しかし、実際には、第一編の途中で終わってしまい、『国会法』の第三巻以下は出版されないままになってしまったようです。その理由は、『国会法』の第二巻が出版された一八八七年八月に、高田が、読売新聞主筆に就任し（八月一日）、二か月後の一〇月一日から翌年の七月一二日まで『読売新聞』で七三回にわたって「国会問答」を連載することになったことにあったと思われます。つまり、『国会法』での試みが、「国会問答」に引きつがれたとみられるのです。「国会問答」の連載第一回のまえがきで、高田は、「明治廿三年以後永く国会の支配を受く可き同胞諸君の為に心得となる可き事柄を時々本紙に掲げんと欲す但し余の期する所は誰人にも解し易きにあるを以て問答の体裁を以て説明することと為せり」と書いて、『国会法』の場合と同様に、国会開設に備えての国民一般の啓蒙が「問答」の目的であることを明らかにしています[11]。

いいかえると、Ⅲ-1章で触れたように、「国会問答」はわが国最初の「市民のための国会入門」といった趣ですが、この連載で、高田は、「国会の事を御説明下さる訳ならば先づ第一に国会といふは何の事なりや伺度候」という問いを手始めに、「国会の起源及実況」「国会開会の手続」「国会の役員」「議員着席の方法」「議員の出席」「国会の特権」「国会の組織及職権」「国会の議事規則」「国会の会期」「国会の議事手続」「国会の委員会」などの項目について、順次問答を進めています[12]。

この「国会問答」の連載が終わったのは、一八八八年七月二二日のことでした。第一回総選挙（七月一日）が行われ、第一回帝国議会が召集（一一月二五日）されたのは、それから二年を経た一八九〇年のことでした。留学経験もなく、英米の議会を見たこともなかった高田の想像力（イマジネーション）のたくましさとわが国の議会政治の発展へ向けての啓蒙への熱意には、目を見張らされます。

ところで、高田は、第一回総選挙に埼玉二区（川越町、入間郡、比企郡を含む地域）から立候補して当選します。一八六〇年四月生まれの高田は三〇歳で、最年少議員の一人でした。そして、この経験を背景に、高田は、今度は東京専門学校の政治学教育に一つの新機軸を打ち出しました。それが国会演習です。法律専攻の学生が裁判の実務を勉強する一つの方法が模擬裁判ですが、高田は、議員の実務のあり方を勉強し、国会理解の一助とするために模擬国会としての国会演習を東京専門学校政治経済科のカリキュラムの中に導入したのです。国会演習の第一回は、第一回帝国議会が終わったあとの一八九一年四月に行われました。高田自身が議長役をつとめ、政治経済科の上級の二年、三年の学生の中の一〇〇人ほどが議員となり、一年生や他の二、三年の学生が傍聴者として参加しました。この第一回の擬国会で議題となった一つが、「衆議院議員選挙法改正案」で、選挙権の拡張や女子選挙権が議論の焦点になりました。日本の高等教育機関で女性参政権が議論されたのは、おそらくこのときが最初であったと思われます。

その後、擬国会は、政治経済科の教員も閣僚として参加し、現職の衆議院議長であった鳩山和夫、大蔵省主計局長で、後の大蔵大臣、東京市長阪谷芳郎《さかたによしろう》などの名士が参加したりで、早稲田名物として発展しました。とりわけ当初のころは、代議士自身も国会運営に不慣れであり、また高田は、当代随一の国会法の権威と目されていましたので、現職の代議士も、東京専門学校の擬国会を傍聴したり、進んで討論に参加したりして、国会運営について学生にまじって実習したのです。一八九七年三月二日の『東京朝日新聞』は、二月末の擬国会について、こう伝えています。

「一昨廿八日午前九時より東京専門学校にては擬国会を開き近来の大問題たる貨幣制度改正案並に民法第二条修正案に関し討議せしに時節柄とて貴衆両院議員を始め在朝在野の学者政治家実業家新聞記者等無慮五百有余名来会せり。」

この擬国会は、一九二一年ころまで三〇年間にわたって続き、終息しました。擬国会が消滅したのは、一つには、一九一九年に大学令が施行され、早稲田も一九二〇年に大学令による大学として再編され、カリキュラム上の制約が増えたことと関連していたとみられますが、もう一つには、国会演習がスタートした一八九一年に一八三人にすぎなかった政治経済科の学生数が、大学令が施行された一九一九年には、大学部政治経済学科三九七人、専門部政治経済科一〇七九人、合計一四七六人の規模に達しており、いわば手作りの政治学教育の実施は、もはや現実上いちじるしく困難になっていたということと関連していたとみていいでしょう[13]。

そして、やがて昭和の戦争期に入り、わが国の政治学で議会研究は、研究者のほとんど関心の外におかれるようになりました。とにかく、一九三〇年に公刊され、当時この分野におけるほとんど唯一の権威ある研究書として迎えられた美濃部達吉の『議会制度論』以外には、国会研究分野の著作は、この時期にほとんど見当たりません。美濃部が、第二次世界大戦直後の一九四六年に出した『議会制度論』の再版の序文で、「敗戦後我が国の政治の民主主義化が急速に要求せらるるに伴ひ、民主政治の中心を為すものは議会制度に外ならぬのであるから、議会制度の研究は新に学界及び政界の注目を惹くに至り、而も我が国に於いて此の種の権威ある研究の公にせられて居るものは、今も尚甚だ尠いのであるから、本書の如きも或は多少の参考となるべきことを念ひ、……茲に之を再版に付することとなった」と述べているのは、このような事態を背景にしてのことです。

このような国会研究の活発化への時代の要請にもかかわらず、新憲法下の国会の地位に見合った国会研究は、わが国で容易に発展しませんでした。その主な原因は、第二次世界大戦後の日本の政治学が圧倒的なアメリカ政治学の影響下に立ったことにあります。第二次世界大戦後の一九四〇年代末から一九六〇年代にかけてのアメリカ政治学では、行動科学的政治学への傾斜が著しく、政治制度の研究は後景に退き、投票行動研究、圧力団体研究、さらには発展途上国をも視野に入れた政治文化研究などが花盛りといった状況でした。その影響下で、日本の政治学において政治制度研究は、ますます影が薄くなったのです。

一九七六年度の日本政治学会会員名簿によると、会員総数は七〇九人ですが、その中で専攻領域として政治制度をあげている者は、一三人にすぎず、議会を研究の主対象としてあげているのは、一人だけです。

ＯＥＣＤ調査団がわが国の社会科学の現状についての調査を行い、その調査結果を『社会科学政策――日本』と題する報告書として発表し、その中で「日本の社会科学者は、教育を通じて自分の国とはしばしばまったく異なった社会についての研究から引き出された一般的原理についての文献的学習結果を学生に分け与えている」「外国の研究業績の翻訳に力点がおかれ、日本社会の現代の問題に不十分な関心しか払われていない」と指摘して、日本の社会科学のあり方についてきびしい批判を提起したのは、一九七七年のことでしたが[14]、この指摘は、日本の政治学にもっともよくあてはまるものであったといわなければなりません。

4　連邦議会インターン制の導入など

この中で、アメリカでは、一九五〇年代半ばになって、理論と実際の結びつきを再活性化する方向での大学教育改革の動きが活発になってきました。

そのような動きの中で出てきた一つが、海外研修プログラム（スタディ・アブロード・プログラム）であり、学部の三年生が一年間海外の特定の国の大学で学び、そこで取得した単位が、アメリカの自分の大学の単位にふりかえられるという制度です。外国で生活し、その国の言語や文化に直接触れながら、その国の政治・経済・社会を理解するというねらいで始められました。アメリカ中西部の五大湖大学連盟所属の大学（ケニヨン、デュポー、アーラム、アンティオック、オバリン、ウースターなど）の日本でのプログラムの受け入れ校になったのが、早稲田大学です。日本研究科目を英語で講義するのですが、このために設置された早稲田の国際部で、私は日本政治論を担当しました。この日本プログラムが始められたのは、一九六三年ですから、二〇〇三年でちょうど四〇年ということになります。

もう一つのカリキュラム改革が、議会や行政府でのインターンシップ・プログラムの実施です。一九五七年に開始された「カリフォルニア州議会インターンシップ・プログラム」は、その一つですが、このプログラムは、バークレーとロサンゼルスのカリフォルニア大学の両州立大学と私立大学の南カリフォルニア大学、スタンフォード大学、クレアモント大学院（ロサンゼルスの東八〇キロほどのクレアモントにある）とカリフォルニア州議会の共同主催によるもので、「立法過程における訓練ばかりでなく、州政府および公共政策の一般的分野における訓練を政治、法律およびジャーナリズムを専攻する少数の上級学年の学生に与える」ことを目的として発足しました。そして、現在では、たいていのアメリカの大学が、この種のプログラムへの参加の道を学生に開いています[15]。

なお、アメリカの大学で単位を与える正規の科目としてインターンシップの制度を導入できるのは、シメスター制やクォーター・システムをとっていて、一つの学期の間大学を離れてインターンシップ・プログラムにあてることができるからです。これに対して、日本の場合、まだ多くの大学で通年制で講義が行われていますので、この条件の下で、学生が大学を離れてインターンシップ・プログラムに参加することは困難です。日本の大学で教職課程で行われる教育実習は、一種のインターン制ですが、これに参加する学生が数週間授業に欠席し、これを出席扱いにすることになっているのは、奇妙な、教育否定的慣習です。教員を志望する学生に講義に出なくてもいいという便法であるからです。

ところで、アメリカで政治領域でのインターンシップ・プログラムの最高レベルのものとして実施されてきたのが、アメリカ政治学会主催の連邦議会フェローシップ・プログラムです。このプログラムがスタートしたのは、一九五三年のことでしたから、二〇〇三年でちょうど五〇年ということになります[16]。当初は、大学院博士課程で政治学の博士号を取得する直前・直後、あるいは駆け出しの政治学研究者・教員と、地方新聞の政治記者を対象にしていました。

私がこのプログラムに参加したのは、一九五八年、すでに四五年前のことで、プログラムの六期生ということになります。私と同期では、政治学研究者が八人、新聞記者が六人でした。政治学者八人の中の四人が、後に有力大学の学長、総長に就任することになったことからも、そのレベルの高さがうかがわれると思います。イリノイ大学学長からシアトルのワシントン大学総長になったウィリアム・ガーバーディング、カリフォルニア大学（ロサンゼルス）の学長になったチャールズ・ヤング、ブラウン大学の総長になったハワード・スウェアラー、カリフォルニア州立大学（ロングビーチ）の総長になったスティーブ・ホーンです。ホーンは、後にカリフォルニア州選出の連邦下院議員になりました。また、新聞記者として参加していたジェームズ・ライクリーは、後にブルッキングズ研究所の上級研究員となり、アメリカ政党研究者として広く知られることになりましたし、唯一の黒人フェローであったエディ・ウィリアムズは、ジョージア州のアトランタ・デイリー・ワールド紙の記者でしたが、後に首都ワシントンに本拠をおくアメリカ黒人の問題に関連する公共政策の研究を行う政治研究ジョイント・センターの会長に就任し、黒人社会のリーダー的役割を演じるようになりました。

私が参加した当時、このプログラムを取りしきっていたのは、アメリカ政治学会の専務理事のエブロン・カークパトリックでした。カークパトリックの奥さんが、後のアメリカの国連大使ジーン・カークパトリックです。

このプログラムは、九か月プログラムで、アメリカ連邦議会の内側から議員や政党の動きを追い、また政策形成過程に参加する機会をフェローに提供し、連邦議会の実際についての理解を促進することによって、連邦議会研究、ひいてはアメリカン・ガバメントの研究を促すことを目的としているといっていいでしょう。このプログラムは、一一月中旬に始まり、その月末までの半月間がオリエンテーション期間で、政治学者、各界のリーダー、有力政治家などへのインタビューなどが組まれています。一二月はじめから四月半ばまでは、下院議員のオフィスか下院の委員会でインターンをします。そして、四月半ばに上院に移り、八月半ばまで上院議員のオフィスか委員会でインターンをします。私の場合、下院では、シカゴ選出の民主党議員バラット・オハラのオフィスで、上院では、民主党政策委員会のオフィスでインターンをしました。

　また、このプログラムは、給付金《スタイペンド》の点でも恵まれたプログラムで、月額五〇〇ドルでした。五〇〇ドルというのは、当時の大学の新任講師の月給とほぼ等しい額です。フルブライト・プログラムの最高額が、当時月額二四〇ドルくらいでしたから、いかに恵まれたプログラムであったかがおわかりいただけると思います。当時の早稲田の助手給は、月に一万四五〇〇円で、一ドル三六〇円時代でしたから四〇ドルということになります。五〇〇ドルは、円になおすと一八万円でした。

　ただ月に五〇〇ドルもらってしまいますと、税金がかかります。そこで、カークパトリックは、総額四五〇〇ドルを一二か月に割り、月額三七五ドルということにしようと私に提案しました。こうしますと、教育プログラムなので、三〇〇ドルまでは無税で、超過分七五ドルでは所得税がかからない、結局、税金は一ドルも払わないですむというのです。しかも、カークパトリックは、最初に四か月分を一括して渡すというのです。私に異存のあろうはずがありません。私は、一五〇〇ドルを一挙にうけとりました。日本円になおしますと五四万円ですが、当時の一五〇〇ドルは、なんとも価値がありました。

ところで、このプログラムは、五〇年の間にすでに一八〇〇人を超えるフェローを送り出し、その中から大勢の議会研究者、政党研究者を生み出しました。現在、ブルッキングズ研究所の上級研究員として活躍し、日本の新聞にもアメリカの政治動向についての談話がたびたび掲載されているトマス・マンとアメリカン・エンタプライズ研究所の常任研究員として知られるノーマン・オーンスタインは、ともに一九六九・七〇年度のフェローでしたし、また現副大統領のリチャード・チェイニーは、一九六八—六九年度にウィスコンシン大学の博士候補者としてフェローに選ばれました。

いずれにしても、現在アメリカ政治学において、議会研究は、中心的研究領域の一つです。二〇〇一年度のアメリカ政治学会会員名簿によると、アメリカ連邦議会を専攻領域とする者が、六五〇人前後を数えます。それだけではありません。ここで注目に値するのは、アメリカの大学の「アメリカ政治論」の教科書の中での連邦議会の取り扱い方です。アメリカの大学では、一年生の科目にかならず「アメリカ政治論」が設置されており、代表的な政治学者が、この科目のためのテキストを書いています。二〇世紀のはじめころまでは、この種のテキストは、アメリカ憲法の解説を主目的とするものが一般的でした。しかし、現在のテキストは、アメリカ・デモクラシーの理論と実際の両面からの検討を主内容としており、きまって連邦議会についてかなりのページを割いてその制度的機構と実際の活動について説明しています。

そのようなテキストの一つが、コーネル大学のセアドー・ローウィが、ジョンズ・ホプキンズ大学のベンジャミン・ギンズバーグとブルッキングズ研究所の上級研究員マーガレット・ウェアとの共著で一九九七年に出した「アメリカ政治入門」という副題をもつ『われら国民』であります。ローウィは、何度か日本にもやってきましたが、一九九〇―九一年にアメリカ政治学会会長、一九九七―二〇〇〇年に世界政治学会会長をつとめた現代アメリカ政治学を代表する政治学者の一人です。一九三一年生まれですから、『われら国民』を出したときは、円熟の六六歳で、世界政治学会の会長でした。

このテキストは、本文七五八ページですが、そのうちの五二ページが、連邦議会論にあてられております。ちなみに、このテキストは、大統領職に四八ページ、行政部に四〇ページ、司法部に四二ページをあてています。

そして、このテキストでの連邦議会についての解説は、連邦議会はどのようにしてアメリカ全体を代表するか、どのような点で連邦議会は代表的でないかを議論する総論的な第1節、連邦議会の委員会、スタッフ等の連邦議会の組織、指導者について述べる第2節、法案が法律になるまでを論じる第3節、連邦議会が決定を行う場合に議員にかけられるさまざまな影響力を論じる第4節、立法以外で連邦議会が政治過程に及ぼす影響力について検討する第5節、大統領と議会の権力の関係、連邦議会は代表的であると同時に効果的でありうるか等、今日の連邦議会が直面する問題点について論じる第6節から成っており、全体として連邦議会の現状と課題を俯瞰《ふかん》できるように構成されています。[17]

こんなわけで、この章を読むと、今日のアメリカ連邦議会の理論と実際、問題点がよく理解できます。実際に、ここで提供されている情報は、単に学生用であるだけでなく、一般市民用としても、きわめて有益・有用です。

5　今日の日本政治学と議会研究

このようなアメリカ政治学の場合と対照的なのが、今日の日本の政治学です。現在、日本政治学会の会員数は、一五〇〇人余りですが、その中で議会を主要専攻分野として掲げている者は、五人しかいません。日本の政治学界では、今なお思想史、政治史の研究者が圧倒的に多いのです。二〇〇二年の会員名簿によると、専攻領域としてヨーロッパ政治思想史を掲げている者がおよそ一六五人、ヨーロッパ政治史を掲げている者が一〇五人、日本政治史を掲げている者が一六五人ほどです。

また、日本の大学で政治学関係の科目に議会論をおいているところも、おそらくないでしょう。アメリカの大学ですと、多くの場合、立法過程とか立法政治（レジスレイティブ・ポリティックス）といった科目が設置されていて、議会論を主題とする講義が行われています。

さらに、日本の政治学者による政治学関係のテキストで、議会についての章を設けているものも、ごく稀です。今年（二〇〇三年）九月に出版された学習院大学の平野浩、早稲田大学の河野勝の編集による『日本政治論』（日本経済評論社）では、一章が「立法部」にあてられているのが目をひきますが、本文一六ページにすぎず、またこの本の編集意図との関連で、「議会論」論を中心としています。なお、このテキストは、日本の政治学テキストとしては珍しく「司法部」にも一章をあてていますが、執筆者が日本人ではなくて、ハーバード大学のロースクールの教授ラムザイヤーというのは、ちょっと残念な気がします。

そんな中で、最近ようやく議会研究を中心的研究課題とする若い世代の研究者が出てきたことは、歓迎すべきことでしょう。今年（二〇〇三年）九月に出た成蹊大学の増山幹高の『議会制度と日本政治』（木鐸社）は、そのような動向の中での業績ですし、また先程触れた平野・河野編集の『日本政治論』で議会の章を担当しているのは、学習院の福元健太郎ですが、この福元と増山は、現在、東北大学の川人貞史らとともに「国会の議事運営・政党活動・議員行動の研究」を主題とする共同研究を進めています。

しかし、増山の著作は、「議事運営権を掌握することが立法的な効率性にどんな作用を及ぼしているか」ということを計量政治学的な手法で分析しているものであり、また福元・増山・川人らの共同研究は、議案や議員行動を分析するための指標の開発といった国会研究の基礎作業に主目的をおくものであり、いずれも国会の生きた現実の解明への入り口にようやく立ったといったたぐいのものであることは、否めません。

こんなわけで、日本の政治学が、国会研究という点で今なお著しく立ち遅れて、貧弱な状態にあることは、残念ながら認めないわけにはいきません。いうまでもなく、このような政治学のあり方の見直しは、日本の政治学にとってますます重要で緊急の問題です。日本の国会が期待されているように機能していないとすれば、どこに問題があり、適切に機能させるにはどうしたらよいか、日本の国会をデモクラシーを発展させる方向で改革するには、どのような改革策がありうるかといった研究が不可欠であることは、いうまでもありません。

ところが、残念なことに、日本の政治学には、いまだに輸入学問としての傾向が強くみられます。高田早苗は、一九一四年四月から一一月までの欧米視察旅行から帰国した直後に（一九一四年一一月一〇日）、早稲田の学生に対して行った講演で、「最も高い意味に於ける学問の独立が無ければ国家の体面は完全で無いのである。また恥かし乍ら日本に於ては今日迄ないと云って宜い。日本は問屋から学問を卸して貰って居る小売店である」「問屋から卸して来てそれで能事終わりと云ふやうなことで学問の独立何処に在りや」と論じました[18]。事態は、それから九〇年を経た今もあまり変わっていないように思われます。先日の総選挙では、イギリスからの直輸入の「マニフェスト」がにぎやかな話題になりましたが、その中で中心的役割を演じた民主党は、ついさきごろまでは、イタリアからの直輸入の「オリーブの木」構想とやらをにぎやかに打ち出していました。

ところで、興味深いことに、マニフェストが日本に紹介されたのは、第一回総選挙が行われた明治二三（一八九〇）年の直後のことです。この総選挙の際に内務省の県治局長であった末松謙澄（一八五五―一九二〇）は、選挙結果についての調査報告の中で、西洋では、選挙戦を戦う者の中にたいてい「声望卓越の政治家」がいて、「マニフェストー、すなわち選挙檄文」を発し、各地で演説をし、将来の政略を吐露して人心を喚起するのがつねであるが、「本邦にては未だかくのごときことなし」と述べて、日本の選挙への「マニフェストー」の導入を提起しています[19]。

末松は、その一〇年ほど前にケンブリッジ大学に留学し、保守党のディズレーリと自由党のグラッドストンががっぷり四つに組んで争う一九世紀後半の黄金時代のイギリス議会政治を直接観察する機会をもったのでした。「マニフェストー」と原語の発音により近い形で表記し、さらに「選挙檄文」と訳しているところに、現地仕込みの末松の知見がうかがえます。とにかく、「マニフェストー」のもともとの意味は、「政治上の根本方針や意図の公的宣言」ですから、「選挙檄文」という訳語は、原語のニュアンスをよく伝えているといっていいでしょう。「政権公約」といった訳語では、「マニフェストー」がもっている強い訴えかけ、呼びかけの響きが伝わりません。

いずれにしても、この言葉が、一一三年前の第一回総選挙のときにすでにわが国に紹介されていたという事実には、目を見張らずにはいられません。

今日の日本の政治学のもう一つの問題は、舞台の上の政治や政治家の動きを解説する活弁政治学の趣が濃いということです。選挙予測を行って、選挙区情勢を解説し、選挙の結果を投票日の数日前にうらなったところで、デモクラシーの発展に寄与することはほとんどないでしょう。また、無党派層の性格や動向についての情報をいくら提供しても、それだけでは、無党派層をいたずらに政党や候補者の操作の対象に位置づけるだけになってしまいます。それは、むしろ選挙制デモクラシーを形骸化するのに役立つだけでしょう。

いま日本の政治学に求められるのは、日本のデモクラシーの現実をさまざまな角度から点検し、その上に立って、日本の文化・社会の現状に見合ったデモクラシーの制度を構想することです。その意味で、日本の国会の生きた現実の研究を軸とした新しい国会研究の発展は、国会改革へのたしかな土台を提供することになると同時に、日本の政治学のあり方を変える起爆剤としての役割をも果たしうると思います。

ここでは、そのような国会研究の発展を支援する基礎的手だてとして、三つのことを指摘しておきたいと思います。

第一は、外国の制度についての的確な理解を促進するための議会研究員をワシントンやロンドンなどへ継続的に派遣することです。とにかく、日本では、アメリカ型とイギリス型がごっちゃになっていて、アメリカ型とイギリス型を無原則的に、都合のいいところをつぎはぎ的に取り入れることが頻繁に行われています。そうではなくて、それぞれの国の制度を的確に理解した上で、日本の制度改革に参考とすべきです。

ジェームズ・ブライスが、『現代民主諸国（モダン・デモクラシーズ）』を一九二一年に著したのは、まさにその目的のためでした。Ⅰ－2章でも触れましたが、ブライスは、その序文で、「かなり前になるが、イギリスで政治改革案が盛んに議論されていたとき、議論の大半は、一般的原理に基づいており、他の国の歴史や出来事に言及されることがあっても、通常あいまいで、結びつきが弱かった。そのとき私が思い付いたのは、いくつかの民主国の政府の実際の活動を検討し、相互に比較し、それぞれの長所・短所を説明すれば、議論や判断のためのしっかりとした基礎を提供するのに役立つのではないかということである」「そういった類の比較研究が企てられたのを目にしたことがなかったので、私がそれをしてみようと考え付いたわけである」と述べていますが[20]、こういったブライス的視点は、今日の日本政治学にとって不可欠のものでしょう。

第二は、国会事務局のスタッフと国会研究を目指す政治学研究者との情報交換の機会を恒常的に設けることです。わが国では、政治の現場で実務に携わっている人と大学の中で研究・教育に携わっている者との間の交流がごく狭い範囲に限られていますから、このことは、さわめて重要です。

日本にアメリカ的な政策秘書の制度が導入されましたが、導入時のねらいが実現しているとはいえません。基本的な問題は、アメリカと背景が大きく異なっているからです。一つには、アメリカでは、政党に党首がいませんし、政策調査機関もありませんから、議員は、立法活動に当たって自ら政策の調査研究をしなければなりません。アメリカの連邦議会で補佐機関が発展したのはそのためですし、政策秘書なしには、議員は、効果的な議員活動を展開することができません。その結果、アメリカ連邦議会での政策秘書は、ときに議員をあやつる存在にもなりかねません。秘書が、非公選の議員とも呼ばれることがあるのは、そのためです。政策秘書の役割は、そのくらい大きいのです。

あるいは、アメリカの議員秘書は、日本で官僚が果たしている役割を演じているといってもいいかもしれません。そして、この関連でアメリカの政策秘書の重要度を高めている第二の要因として指摘されるべきは、アメリカの三権分離制です。

アメリカの三権間の関係について、三権分立と訳すのが一般的ですが、これは適切ではありません。アメリカの場合は、分立ではなくて、分離（セパレーション）です。アメリカで離婚に至る前の段階にセパレーション、別居があります。この場合に、夫婦はまだ相互に完全に独立自由というわけではありません。さまざまな制約があるのです。別居中にお互いが別の相手とデートすることは認められますが、たとえば、パーティに呼ばれたときにその相手を連れていっていいかどうかは、招待先の奥さんの了解がなければいけないということです。

アメリカの議会と政府の関係ですと、その制約が、チェックス・アンド・バランセーズの制度であります。いずれにしても、議会と行政府は別居しているわけですから、議会は政府の情報にたよって立法活動をすることができません。自前の情報をもつことが必要です。

イギリスの政治学者アンソニー・バーチが、「イギリス政治での真の二分法は、政府と反対党との間であって、政府と議会との間ではない」[21]といっていますが、アメリカでは、イギリスと違って、二分法は、連邦議会と行政府との間にあるのです。バジョットは、政府と政府党との関係に目を向けて、イギリスは、セパレーション・オブ・パワーズ（権力分離型）ではなくて、フュージョン・オブ・パワーズ（権力融合型）だと論じました[22]。

要するに、アメリカの権力分離型の制度の下では、政治の積極化が進み、政府が巨大化するにつれて、議会が自前の政策調査機関を拡充強化する必要性が一段と高まり、政策スタッフが、ますます不可欠の存在となってきたのです。

アメリカ連邦議会での政策秘書制度の確立を導いてきた第三の要因は、アメリカで職業の移動がごく日常的であることです。議員の政策スタッフには、博士号の取得者が珍しくありませんが、それは、議員のスタッフとしての活動が評価され、さらに活動の場が広がっていくことが期待できるからです。

私の友人の、先程名前を出しましたウィリアム・ガーバーディングは、私と同期でのコングレショナル・フェローを終えてから、ニューヨーク州のコルゲイト大学の政治学講師になり、二年後に首都ワシントンにもどってユージン・マッカーシー上院議員のリサーチ・アシスタントになり、さらに二年後には、ロサンゼルスのカリフォルニア大学（ＵＣＬＡ）に助教授として赴任しました。三二歳のときです。その後、ガーバーディングは、ロサンゼルスのオクシデンタル大学副学長、ＵＣＬＡ副学長、イリノイ大学学長を経て、ワシントン大学総長になったのですが、この間私はずっと早稲田にいましたので、ガーバーディングは、私に会うたびに、「ミツールはまだワセダにいるのか、よほど人気がないのだな」とヒヤかしたものでした。

話があちこちしましたが、とにかくアメリカの政策秘書制度が発展した背景は、①アメリカの政党が政策調査機関をもたない、②アメリカの三権分離制の下で連邦議会は、政策情報について行政府に依存できないこととともに、③職業移動の日常性ですが、この結果、議会の中の情報が議会外の研究者と共有される可能性が高くなっています。実際に、私の友人のガーバーディングは、シカゴ大学で国際政治学の大御所ハンス・モーゲンソーの弟子で、国際政治学専攻でしたが、ＵＣＬＡでは、国際政治学と同時に、議会政治論を担当していました。

これに対して、わが国では、国会の内側にいる人と外側にいる人との間の交流が乏しいので、両者が積極的に交流する場を設けませんと、国会研究はなかなか進まないのではないでしょうか。

私の望みは、議会事務局のスタッフの方々と政治学研究者の共同研究の積み重ねの上に、国会についての標準的な総合的概説書が作られ、さらにその上により専門的な有意な情報を研究者や議員に提供する国会研究の成果が生み出されることです。私の頭にある一つのモデルが、一九五二年にイギリスで出版された『パーラメント』という本です。この本は、一九〇六年から一九四八年まで四二年間にわたってイギリス下院事務局に在職し、一九三七年から一九四八年までの一一年間に下院の事務総長をつとめたキャンピオン卿（一八八二―一九五八）を中心とする議会事務局スタッフや研究者をメンバーとする研究グループの研究成果です。キャンピオン卿みずからも、序章に当たる「議会とデモクラシー」に加えて「議会手続き」に関する章を執筆し、また当時の代表的な政治学者で、ケンブリッジ大学教授であったデニス・プローガン（一九〇〇―七四）が、アメリカとフランスの議会制比較という論文を寄せ、全体として議会手続きや委任立法の問題にまで目を向けながら、イギリス議会の「現在位置」と直面する課題を生き生きと描き出しており、出版から半世紀を経た今も、この本は、古びない、知的刺激力横溢の「イギリス議会論」です[23]。

わが国の国会研究の発展を支援する基礎的な手だての第三としてあげたいと思うのが、国会情報誌の刊行です。アメリカの連邦議会の総合情報誌としては、ご案内のように、一九四五年からネルソン・ポインターによって刊行が開始された、連邦議会の活動について、中立的で、権威のある、的確な情報を提供しているCQ（Congressional Quarterly）があります。現在、CQウィークリーは、アメリカの大学図書館や公共図書館にはたいてい常備されていて、研究者や学生、さらには一般市民の連邦議会、ひいてはアメリカ政治についての理解に多大の貢献をしています。実際に、CQは、アメリカ連邦議会の研究者にとって不可欠の基本文献ですし、アメリカ政治を学ぶ学生にとって好個の参考文献です。

また、CQは、政治記者の訓練の場としても有益な役割を果たしてきたと評価されています。ワシントン・ポスト紙の政治記者として鳴らし、現在政治評論家として著名なデイヴィッド・ブローダーも、駆け出しの二六歳から三一歳にかけてのころ（一九五五―六〇）ＣＱの記者でした。[24]

私は、コングレショナル・フェローであったとき、ＣＱウィークリーを講読し、オフィスでは毎日配布されてくる『コングレショナル・レコード（Congressional Record）』に目を通し、さらにワシントン・ポスト紙を読むことによって、日々の連邦議会の動き、直面している課題などについてかなりの程度の情報通になることができました。

わが国にも、一九五五年六月に「国会と国民の間の懸け橋」をねらいとして『国会旬報』として発刊され、一九五九年一月に『国会月報』として再発足した国会情報誌がありましたが、今年（二〇〇三年）三月で休刊になってしまいました。質量ともにＣＱにいちじるしく見劣りしたものであったことは否めませんし、またそのために権威ある国会情報誌としての評価を享受できなかったのでしょうが、それなりに貴重な存在であったと思います。

いずれにしても、権威のある国会に関する情報誌は、今後の国会研究の発展、ひいては国会自身の発展のために不可欠ではないかと思います。日本版ＣＱの登場を期待すること切です。

6　国会研究の「公的役割」に眼を

あれこれ雑然と申しあげてきましたが、要するに、わが国の政治学ではいまだに国会研究が不活発であり、それがわが国の条件に適切に見合った国会の発展を妨げる要因の一つになっているということです。

昨年（二〇〇二年）の八月末にボストンで開かれたアメリカ政治学会の年次大会で、会長のロバート・パットナム（ハーバード大学）は、「政治学の公的役割」と題する会長講演を行い、政治学は公的な場での存在感をもっと高める必要があるとし、政治学のあり方の見直しを提起しました。パットナムによると、現在のアメリカ政治学は、冷笑的な観客層を拡大させる方向で作用しているというのです。そして、パットナムは、市民の政治的無関心が広がっているとすれば、政治学者は、その原因を追求し、改善をはかるに当たって政治学の役割は何かを問うべきだと論じたのです[25]。

このパットナムの問題提起は、ちょうど八〇年前の一九二三年のシカゴ市長選挙での投票率が五〇％に達しなかったという事態に直面して、その「なぜ」を問うために棄権者面接調査を実施して棄権の原因の究明を試み、さらにその調査結果に基づいて改善策を検討したシカゴ大学のチャールズ・E・メリアムの問題提起につながるものといっていいでしょう[26]。

イギリスの政治学者リントン・ロビンズは、一九九四年に出した『変貌するイギリス政党制』という編著の序文で、「昔は、労働党に入るのは、新しい夜明けを迎える運動に加わるためだった。今は、運動は、単に選挙に勝つためだけになってしまった」と書いています[27]。同じように、最近の日本の選挙、政党、国会の動きなどから見てとれるのは、選挙に勝つことが至上目的になってしまっているのではないかということです。今日は、冒頭で国会開設期の「国会問答」や擬国会の試みなどについて紹介しました。立憲政治の発展へ向けての先人たちの夢とロマン、志と情熱に思いを馳せたかったからです。

今われわれに求められているのは、日本のデモクラシーの新しい夜明けを迎える方向での国会研究の活性化であり、新しい国会像の構想です。その意味で、パットナムが指摘した問題状況は、今日の日本の政治学にとっていっそう深刻というべきでしょう。国会の内側と外側との情報・知見の交流・交換を通じて国会研究を刺激し、さらにそれによってわが国政治学の公的役割への再認識を促す方向での、皆様方のご努力を期待し、またお力添えをお願いしながら、散漫になりました私の話を終わらせていただきます。

注

1　John Stuart Mill, *Considerations on Representative Government*, Forum Books ed., 1958 (originally published, 1861), p.177.

2　Walter Bagehat, *The English Constitution*, Cambridge Texts ed., 2001 (originally published, 1867), p.3.

3　*Ibid*., p.21.

4　Woodrow Wilson, *Congressional Government : A Study in American Politics*, Johns Hopkins Paperbacks ed., 1981 (originally published, 1885), p.30.

5　内田満『政党・圧力団体・議会』早稲田大学出版部、二〇〇〇年、一一一—一一二ページ。

6　内田満『日本政治学の一源流』早稲田大学出版部、二〇〇〇年、四三ページ。

7　高田早苗『国会法』政学講義会、一八八七年、二二ページ。

8　前掲6『日本政治学の一源流』七二ページ。

9　高田、前掲書、「例言」

10　早稲田大学大学史編集所編『東京専門学校校則・学科配当資料』早稲田大学出版部、一九七八年、五二ページ。

11　前掲6『日本政治学の一源流』一二ページ。

12　同右書、一三ページ。

13　擬国会については、拙著『早稲田政治学史断章』三嶺書房、二〇〇二年、一一〇—一二〇、一二五—一三九ページ参照。

14　OECD, *Social Sciences Policy : Japan*, 1977, pp.130, 166.

15　内田満『政治参加と政治過程——現代日本の政治分析』前野書店、一九七二年、二四六ページ。

16　二〇〇三年八月末にフィラデルフィアで開かれたアメリカ政治学会年次大会では、連邦議会ノェローシップ・プログラム五〇周年を記念して、「連邦議会から教室へ——大学における連邦議会フェローシップ・プログラムの五〇年」と題するパネル・ディスカッションが行われ、現在イェール大学、ミシガン州大学、カリフォルニア大学（アーバイン）などで政治学を講じている元フェローたちが、パネリストとして参加した。司会をつとめたのが、一九五九―六〇年度のフェローであったカリフォルニア大学（バークレー）のレイモンド・ウルフィンガーであった。*PS : Political Science and Politics*, Vol.XXXVI, No.4, 2003, p.856.

17 Benjamin Ginsberg, Theodore J. Lowi and Margaret Wein, *We the People : An Introduction to American Politics*, 1997, pp.390-441.

18 大日本雄辯会編『高田早苗博士大講演集』大日本雄辯会講談社、一九二七年、二一二ページ。

19 尾佐竹猛『日本憲政史大綱』下巻、日本評論社、一九三九年、八三五ページ。

20 James Bryce, *Modern Democracies*, Vol.I, 1921, p.vii.

21 Anthony H. Birch, *The British System of Government*, 10th ed., 1998, p.163.

22 W. Bagehat, *op.cit.*, p.9.

23 Lord Campion et al., *Parliament : A Survey*, 1953.

24 David Broder, "Congressional Quarterly : An American Institution Marks 50 Years", *The Japan Times*, Apr.1, 1995.

25 Robert D. Putnam, "APSA Presidential Address : The Public Role of Political Science", *Perspectives on Politics*, Vol.1, No.2, 2003, pp.249,253.

26 前掲6『日本政治学の一源流』二〇九―二一〇、二一五―二一六ページ。

27 Lynton Robins et al., eds., *Britain's Changing Party System*, 1994, p.3.

あとがき

本書は、著者が二〇〇〇年から二〇〇六年にかけての時期に、さまざまな機会に行った講演や各種新聞雑誌等に発表した時評文等から成り立っています。それらの初出等一覧は、次の通りです。（ ）内は原題。各章は誤植等の訂正にとどめています。

I

1章「デモクラシーの祭りとしての選挙」（デモクラシーの祭りとしての選挙・昔と今——日本の選挙一一五年を考える）駿河台大学比較法研究所公開講演会、私学会館、二〇〇五年一一月二五日、また、駿河台大学比較法研究所『比較法文化』第一四号、二〇〇六年

2章「選挙制度の運用とデモクラシー」立正大学法学部研究会、立正大学法学部、二〇〇〇年一〇月二一日、また、立正大学法制研究所『研究年報』第六号、二〇〇一年三月

3章「名句に学ぶ政治学」（政治を見る眼をリフレッシュする——名句に学ぶ政治学）東京雑学大学講義、

亜細亜大学第一号館一〇一教室、二〇〇四年四月二五日

II

1章「政治家の言葉を考える」東京雑学大学「遠隔生涯講座」、新宿小池ビル内CCC21協議会、二〇〇五年三月八日
2章「党首たちよ『宰相の言葉』で語れ」『産経新聞』二〇〇三年四月七日
3章「『新しい夜明け』実感させる政党に」『産経新聞』二〇〇四年三月二五日
4章「未来への風感じさせる選挙を」（未来への風感じさせる選挙を望む）『産経新聞』二〇〇四年七月一七日
5章「日本の民主政治はどこへ行く」（Election offers more questions than answers 原文は英文）*The Asahi Shimbun*, Sept.15, 2005.
6章「蹴散らされたマニフェスト選挙」『産経新聞』二〇〇五年九月一九日
7章「ぬくもりのある、想像力横溢の言葉を」（Our next leader must be bold, yet empathetic 原文は英文）*The Asahi Shimbun*, Jan.1, 2006.

III

1章「早稲田と政治――五人の先達の志と足跡」（早稲田大学と政治）早稲田大学創立一二五周年記念校友会寄付講座「早稲田を知る」早稲田大学第一四号館二〇一教室、二〇〇六年六月八日

2章「社会に先立つ一歩なるべし」早稲田大学大学史資料センター『高田早苗の総合的研究』出版記念高田早苗展記念講演、早稲田大学小野講堂、二〇〇二年一〇月一七日

3章「議会研究の現状と展望」平成一五年度衆議院事務局係長級研修、衆議院第一別館講堂、二〇〇三年一二月一六日

それぞれの機会に、多忙を理由として、あるいは提示されたテーマの難しさにひるんで逡巡する著者を、ときに懐柔し、ときに叱咤して、講演会場へと誘い、紙誌面に登場させたそれぞれの企画の担当の方々や編集担当の方々に、当時の非礼を詫び、改めてお礼を申しあげます。

イギリスの哲学者フランシス・ベーコン（一五六一―一六二六）は、『随想録』の中に「読書は、充実した人間を作る。議論の機会は、当意即妙の人間を作り、書くことは、きちんとした人間を作る」と書き残していますが、著者が、実際に「充実した」「当意即妙の」「きちんとした」人間に近付けたかどうかは別として、これらの講演や執筆の機会は、自らの考え方を質し、自問自答をくり返しながら自分と向き合う絶好の機会となりました。

ご容赦を乞いたいのは、収録している一三の文章での引用文等にいくつかの重複があることです。できる限り重複を整理する作業をいたしましたが、文意の通りが悪くなるおそれや、それぞれの文章を独立的にお読みいただく際の不都合などを考え合わせたりした結果、重複部分を完全になくすことはできませんでした。

本書は、著者の前著『政治学入門』（東信堂、二〇〇六年一〇月）の姉妹篇でもあります。『政治学入門』が総論的であるのに対して、本書は、各論的であり、副読本的といっていいかもしれません。あわせてお読みいただければ幸いです。

本書を企画し、手綱をひいて著者を水辺へと誘ったのは、前著の場合と同様に篤学の政治評論家・三好陽氏でした。また、三好氏と連携して本書を仕上げてくださったのは、東信堂社長・下田勝司氏と編集部の小田玲子さんです。お三方のご厚情に重ねてお礼を申しあげます。

二〇〇六年一〇月

内田　満

人名索引

〔ア行〕

〔カ行〕

〔サ行〕

〔タ行〕

〔ナ行〕

〔ハ行〕

〔マ行〕

〔ヤ行〕

〔ラ行〕

〔ワ行〕

事項索引

〔サ行〕

〔タ行〕

著者紹介

内田　満（うちだ みつる）　早稲田大学名誉教授。

1930年東京都生まれ。
1953年早稲田大学政治経済学部卒業。1969年から2000年まで同大学政治経済学部教授。ウースター大学およびアーラム大学（米国）客員助教授、ドゥ・ラサール大学（フィリピン）客員教授、日本政治学会理事長、日本選挙学会理事長、衆議院議員選挙区画定審議会委員、政策研究大学院大学客員教授、㈶明るい選挙推進協会会長等を歴任。
2007年1月死去。

主要著作
『都市デモクラシー』中央公論社、1978年、『シルバー・デモクラシー』有斐閣、1986年、『現代アメリカ政治学』三嶺書房、1997年、『内田満政治学論集』（全3巻）早稲田大学出版部、2000年、『現代政治学小辞典（新版）』（編著）有斐閣、1999年、『現代日本政治小事典（2005年度版）』（編著）ブレーン出版、2005年、『政治学入門』東信堂、2006年。

政治の品位――日本政治の新しい夜明けはいつ来るか

2007年3月15日　　初　版第1刷発行　　〔検印省略〕
定価はカバーに表示してあります。

著者©内田満／発行者 下田勝司　　印刷・製本／中央精版印刷

東京都文京区向丘1-20-6　　郵便振替00110-6-37828
〒113-0023　TEL（03）3818-5521　FAX（03）3818-5514
発行所 株式会社 東信堂
Published by TOSHINDO PUBLISHING CO., LTD.
1-20-6, Mukougaoka, Bunkyo-ku, Tokyo, 113-0023, Japan
E-mail : tk203444@fsinet.or.jp http://www.toshindo pub.com

ISBN978-4-88713-731-8　C3031

東信堂

人間の安全保障――世界危機への挑戦	佐藤誠・安藤次男 編	三八〇〇円
政治学入門	内田満	一八〇〇円
政治の品位――日本政治の新しい夜明けはいつ来るか	内田満	二〇〇〇円
不完全性の政治学――イギリス保守主義思想の二つの伝統	A・クイントン 岩重政敏 訳	二〇〇〇円
帝国の国際政治学――冷戦後の国際システムとアメリカ	山本吉宣	四七〇〇円
ニューフロンティア国際関係	安藤・奥田 原・本名 編	二三〇〇円
解説 赤十字の基本原則――人道機関の理念と行動規範	J・ピクテ 井上忠男 訳	一〇〇〇円
国際NGOが世界を変える――地球市民社会の黎明	功刀達朗 毛利勝彦 編著	二〇〇〇円
国連と地球市民社会の新しい地平	功刀達朗 内田孟男 編著	三四〇〇円
実践 ザ・ローカル・マニフェスト	松沢成文	一二三八円
ポリティカル・パルス：日本政治裁断現場からの	大久保好男	二〇〇〇円
時代を動かす政治のことば――尾崎行雄から小泉純一郎まで	読売新聞政治部 編	一八〇〇円
椎名素夫回顧録 不羈不奔《ふきふほん》	読売新聞盛岡支局 編	一五〇〇円
大杉榮の思想形成と「個人主義」	飛矢崎雅也	二九〇〇円
〈現代臨床政治学シリーズ〉		
リーダーシップの政治学	石井貫太郎	一六〇〇円
アジアと日本の未来秩序	伊藤重行	一八〇〇円
象徴君主制憲法の20世紀的展開	下條芳明	二〇〇〇円
〈現代臨床政治学叢書・岡野加穂留監修〉		
村山政権とデモクラシーの危機	岡野加穂留 藤本一美 編著	四二〇〇円
比較政治学とデモクラシーの限界	岡野加穂留 大六野耕作 編著	四二〇〇円
政治思想とデモクラシーの検証	岡野加穂留 伊藤重行 編著	三八〇〇円
シリーズ〈制度のメカニズム〉		
アメリカ連邦最高裁判所	大越康夫	一八〇〇円
衆議院――そのシステムとメカニズム	向大野新治	一八〇〇円
WTOとFTA――日本の制度上の問題点	高瀬保	一八〇〇円
フランスの政治制度	大山礼子	一八〇〇円

〒113-0023 東京都文京区向丘1-20-6 TEL 03-3818-5521 FAX03-3818-5514 振替 00110-6-37828
Email tk203444@fsinet.or.jp URL:http://www.toshindo-pub.com/

※定価：表示価格（本体）＋税